LE DRAGON

COMPAGNIE ANONYME D'ASSURANCES A PRIMES FIXES

CONTRE L'INCENDIE

Autorisée par Ordonnance royale du 8 mai 1842

INSTRUCTIONS
GÉNÉRALES

POUR

MM. LES DIRECTEURS D'ARRONDISSEMENT

PARIS

IMPRIMERIE PANCKOUCKE

RUE DES POITEVINS, 14

1842

LE DRAGON

COMPAGNIE D'ASSURANCES A PRIMES

CONTRE

L'INCENDIE

Autorisée par Ordonnance du Roi du 8 mai 1842.

ORDONNANCE DU ROI.

LOUIS-PHILIPPE, ROI DES FRANÇAIS, à tous présents et à venir, salut :

Sur le rapport de notre Ministre Secrétaire d'État de l'Agriculture et du Commerce;

Vu les articles 29 à 37, 40 et 45 du Code de commerce;

Notre Conseil d'État entendu,

Nous avons ordonné et ordonnons ce qui suit :

ART. 1er. — La Société anonyme formée à Paris (Seine), sous la dénomination **LE DRAGON**, *Compagnie d'assurances à primes contre l'Incendie*, est autorisée;

Sont approuvés les Statuts de ladite Société, tels qu'ils sont contenus dans l'acte passé, le 31 mars 1842, par-devant Mᵉ Dessaignes et son collègue, notaires à Paris, lequel acte restera annexé à la présente ordonnance.

ART. 2. — Nous nous réservons de révoquer notre auto-

1843

risation en cas de violation ou de non exécution des Statuts approuvés, sans préjudice des droits des tiers.

Art. 3. — La Société sera tenue de remettre, tous les six mois, un extrait de son état de situation au Ministère de l'Agriculture et du Commerce, au Préfet du département de la Seine, à la Chambre du Commerce et au Greffe du Tribunal de Commerce de Paris.

Art. 4. — Notre Ministre Secrétaire d'État au département de l'Agriculture et du Commerce est chargé de l'exécution de la présente ordonnance, qui sera publiée au Bulletin des lois, insérée au *Moniteur* et dans un journal d'annonces judiciaires du département de la Seine.

Fait au Palais de Neuilly,

Le 8 mai 1842.

LOUIS-PHILIPPE.

PAR LE ROI,

Le Ministre Secrétaire d'État au département de l'Agriculture et du Commerce,

L. CUNIN-GRIDAINE.

STATUTS.

Article 1er. — Il est formé, sauf l'approbation du Roi, entre les comparants, une Société anonyme d'Assurances à primes contre l'incendie ; sa dénomination est *le Dragon*, Compagnie d'Assurances à primes contre l'incendie.

Le siège et le domicile de la Société sont établis à Paris.

Art. 2. — Les opérations de la Société ont pour objet :

1°. L'assurance contre l'incendie des propriétés immobilières et mobilières que le feu peut endommager ou détruire ;

2°. L'assurance contre les dégâts causés par la foudre, lors même qu'il n'y aurait pas incendie ;

3°. L'assurance contre les dégâts d'incendie résultant de l'explosion de la vapeur ;

4°. L'assurance contre les dégâts causés par l'explosion du gaz employé à l'éclairage.

La Compagnie ne garantit, hors le cas d'incendie, les dommages causés par l'explosion du gaz, qu'autant que ces risques sont assurés par une clause spéciale de la police.

Toutes opérations autres que celles ci-dessus énoncées sont complétement interdites à la Compagnie.

Art. 3. — La Compagnie n'assure pas :

1°. Les dépôts, magasins et fabriques de poudre à tirer, les effets de commerce et obligations de toute nature ; les billets de banque, titres, contrats, lingots d'or ou d'argent et l'argent monnayé ;

2°. Les diamants, pierreries et perles fines, autres que ceux montés et à usage personnel, ou compris parmi les objets déposés dans des établissements publics, tels que monts-de-piété, musées historiques et autres.

Art. 4. — La Compagnie ne répond pas des incendies et dégâts occasionnés par guerre, invasions, émeutes ou troubles populaires, force armée quelconque, ni de ceux résultant d'un désastre général, comme feux souterrains, volcans, tremblements de terre, etc., etc.

Art. 5. — Quelles que soient les sommes énoncées dans la police, l'assuré ne peut jamais recevoir une indemnité excédant la perte effective qu'il aura éprouvée par l'effet du sinistre. Cette perte est réglée d'après l'état et la valeur de l'objet assuré au moment du sinistre.

Si, après l'incendie, la valeur des objets est reconnue inférieure à la somme assurée, cette somme sera réduite de toute la différence.

La présente clause devra être insérée dans la police.

Art. 6. — Les assurances pourront s'effectuer dans toute la France et à l'étranger.

Le maximum sur un seul risque ne pourra excéder 300,000 fr.

Art. 7. — La durée de la Société est de cinquante années, à partir du jour de l'autorisation royale, sauf les cas de dissolution prévus ci-après.

Fonds social.

Art. 8. — Le fonds social est fixé à 3,000,000 de francs, et divisé en six cents actions nominatives de 5,000 fr., divisibles chacune en coupons de 500 fr.

Les six cents actions représentant le fonds social sont souscrites dans les proportions suivantes par les personnes ci-après nommées.

[*Suivent les noms des Actionnaires.*]

Art. 9. — Aucun actionnaire ne pourra posséder plus de vingt-cinq actions.

Art. 10. — Les actionnaires souscrivent l'obligation de verser, s'il y a lieu, jusqu'à concurrence du montant de leurs actions, en élisant un domicile à Paris.

Cette obligation est garantie pour chaque action ou coupon d'action, par le versement en numéraire d'un cinquième avant la délivrance des actions, et au plus tard dans les trois mois qui suivront l'ordonnance d'autorisation.

A défaut de versement du premier cinquième de l'action ou coupon d'action, dans le délai ci-dessus fixé, les actions ou coupons d'actions de l'actionnaire en retard seront vendus à ses risques et périls, comme il est dit à l'art. 15.

Art. 11. — Les actions et coupons d'actions nominatifs pourront être convertis en actions et coupons d'actions au porteur, mais seulement lorsque le montant de chaque action ou coupon à convertir aura été intégralement versé.

Art. 12. — Les actionnaires ne sont passibles que de la perte du montant de leur intérêt dans la Société.

Art. 13. — Les actions nominatives sont représentées par une inscription sur les registres de la Compagnie, portant un numéro d'ordre de 1 à 600. Les coupons de ces actions sont représentés de la même manière, portant également un numéro d'ordre avec celui de l'action à laquelle ils appartiennent.

Les actions et coupons d'actions au porteur sont délivrés dans la forme arrêtée par le Conseil d'administration.

Art. 14. — La transmission des actions et coupons nominatifs s'opère par une déclaration de transfert inscrite sur les registres de la Société. Cette déclaration est signée du cédant ou de son fondé de pouvoirs et du cessionnaire.

La délivrance et le transfert ne pourront avoir lieu qu'après le versement du premier cinquième en numéraire.

Aucun cessionnaire ne peut être admis que par une délibération du Conseil d'administration, prise au scrutin secret et à la majorité absolue des membres présents, sauf l'exception ci-après :

Ne seront pas soumis aux conditions ci-dessus ceux qui, en garantie des cinquièmes restant à verser sur chaque action, transféreront à la Compagnie une valeur égale de fonds publics français.

Lorsque la Société touchera les intérêts des fonds ainsi transférés à son nom, elle les versera immédiatement entre les mains des actionnaires qui les lui auront transférés.

Art. 15. — Si les fonds encaissés sont insuffisants pour payer les sinistres, le Conseil d'administration fixe la quotité des appels de fonds à faire sur les actions nominatives.

Ces appels de fonds doivent être proportionnés aux besoins réels, et ne peuvent jamais excéder la valeur nominale des actions.

Chaque actionnaire est tenu de payer sa quote-part dans les dix jours de l'avis qui lui en est donné.

A défaut de versement dans ce délai, les actions ou coupons d'actions de l'actionnaire en retard seront vendus par l'entremise d'un agent de change, aux risques et périls du retardataire, sans préjudice des poursuites à exercer contre lui pour la somme dont il resterait débiteur envers la Société, comme aussi sans préjudice de son droit à profiter de l'excédant, s'il y en a.

Art. 16. — En cas de faillite d'un actionnaire, ses actions, à moins qu'il ne soit donné caution, seront vendues par le ministère d'un agent de change, sans qu'il soit besoin d'aucune autorisation ou notification, ni d'aucune formalité judiciaire. Sur le produit de la vente, la Compagnie prélèvera ce qui pourra lui être dû; le surplus, s'il y en a, sera remis aux ayants droit. En cas de déficit, la Compagnie poursuivra le remboursement par toutes les voies de droit.

Art. 17. — Dans le cas de décès d'un actionnaire, ses héritiers ou ayants droit auront six mois pour présenter un titulaire de chaque action ou coupon d'action, sauf la formalité d'admission réglée par l'art. 14; à défaut de désignation, les actions ou coupons d'actions seront vendus par le ministère d'un agent de change, aux risques et périls des héritiers ou ayants droit, et sans aucune mise en demeure. Le produit de la vente sera employé d'abord à solder ce qui pourrait être dû à la Compagnie, et le surplus, s'il y en a, sera remis aux ayants droit. En cas de déficit, la Compagnie poursuivra le remboursement par toutes les voies de droit.

De l'Administration de la Société.

Art. 18. — La Société est administrée, sous l'autorité de l'assemblée générale des actionnaires, par un Conseil d'administration, un directeur, et, s'il y a lieu, un directeur adjoint, dont les attributions sont déterminées par les articles ci-après.

Conseil d'Administration.

Art. 19. — Le Conseil d'administration est composé de douze membres : leurs fonctions sont gratuites, sauf les jetons de présence. La valeur de ces jetons est déterminée par l'assemblée générale.

Art. 20. — Tout administrateur doit être propriétaire d'au moins cinq actions nominatives, lesquelles sont inaliénables pendant toute la durée de ses fonctions.

Art. 21. — Les administrateurs sont nommés à la majorité absolue des voix par l'assemblée générale, et peuvent être révoqués par elle.

La durée de leurs fonctions est de quatre ans.

Le Conseil d'administration est renouvelé par quart d'année en année.

Les administrateurs sortants seront désignés, les premières années, par le sort, et ensuite par l'ancienneté.

Les mêmes membres peuvent être réélus indéfiniment.

Art. 22. — Jusqu'à la première assemblée générale, la Société sera administrée par les actionnaires ci-après, investis, à cet effet, de tous les pouvoirs du Conseil d'administration; savoir :

> MM. Le général comte de MONTLIVAULT;
> Comte DUCHAFFAULT, ancien député;
> HUET, ancien avocat aux conseils du roi et à la cour de cassation;
> DE COURTIGIS, lieutenant-colonel au corps royal d'état-major;
> GUESPEREAU, propriétaire;
> GOUGET DESFONTAINES (Émile), propriétaire;
> LAMULONIÈRE, ingénieur civil.

Art. 23. — Le Conseil d'administration nomme, parmi ses membres, un président et un vice-président. La durée de leurs fonctions est d'une année; ils peuvent être réélus.

En cas d'absence de l'un et de l'autre, le doyen d'âge des membres présents remplit leurs fonctions.

Art. 24. — Si une des places d'administrateur vient à vaquer, le Conseil pourvoit au remplacement provisoire, jusqu'à la plus prochaine assemblée générale, qui procède à l'élection définitive. L'administrateur, ainsi nommé, ne reste en exercice que pendant le temps qui restait à courir à son prédécesseur.

Art. 25. — Les réunions du Conseil d'administration auront lieu sur la convocation du président et du vice-président, toutes les fois qu'elles seront jugées nécessaires, et au moins une fois par mois.

L'administrateur de service, aux termes de l'art. 27, ou le directeur, peuvent requérir, en cas d'urgence, la réunion du Conseil d'administration.

Pour qu'une délibération soit valable, cinq membres au moins doivent assister à la réunion. Les décisions sont prises à la majorité des membres présents : en cas de partage, la voix de celui qui préside est prépondérante.

Les procès-verbaux sont signés par le président et le secrétaire.

Art. 26. — Le Conseil d'administration prend communication de toutes les affaires de la Compagnie. Il arrête les conditions générales des contrats d'assurances et de réassurances; il fixe, dans la limite établie par l'art. 6, le plein sur chaque nature de risques, et le tarif des primes applicables aux diverses natures de risques. Il détermine l'emploi des fonds disponibles; il arrête le payement des pertes et dommages à la charge de la Société; il nomme, suspend et révoque, sur la proposition du directeur, tous les agents et employés de la Compagnie, fixe leurs traitements, salaires et cautionnements, ainsi que les dépenses générales de l'administration; il statue sur toutes les dépenses accidentelles et variables; il prononce sur toutes les opérations de la Compagnie, et arrête provisoirement les comptes annuels et les répartitions des bénéfices; il convoque l'assemblée générale annuelle et celles extraordinaires; il peut plaider, traiter, transiger et compromettre sur tous les intérêts de la Compagnie; il peut aussi substituer, mais seulement par un mandat spécial, pour une ou plusieurs affaires déterminées.

Art. 27. — Chaque administrateur est, à tour de rôle, chargé de suivre et de surveiller les opérations de la Société et la comptabilité; de signer conjointement avec le directeur les polices d'assurances, transferts de rentes et d'actions, les pouvoirs délégués par le Conseil d'administration, les procurations, les contrats et les engagements de la Compagnie.

Art. 28. — Les membres du Conseil d'administration ne contractent, à raison de leurs fonctions, aucune obligation personnelle ni solidaire relativement aux engagements de la Société. Ils ne répondent que de l'exécution de leur mandat.

Direction.

Art. 29. — Le directeur et le directeur adjoint sont nommés et peuvent être révoqués, sur la proposition du Conseil d'administration, par l'assemblée générale des actionnaires, à la majorité des voix des membres présents.

Le directeur et le directeur adjoint peuvent être suspendus provisoirement de leurs fonctions par le Conseil d'administration; dans ce cas, le Conseil d'administration pourvoit à leur remplacement provisoire jusqu'à la première assemblée générale, qui prononce définitivement sur la révocation, et, s'il y a lieu, sur le remplacement.

Art. 30. — Le directeur doit être titulaire d'au moins dix actions nominatives, et le directeur adjoint de cinq. Ces actions sont inaliénables pendant toute la durée de leurs fonctions, et jusqu'à l'apurement de leurs comptes.

Art. 31. — L'assemblée générale détermine le traitement annuel et les avantages qui peuvent être alloués au directeur et au directeur adjoint; le tout, sur la proposition du Conseil d'administration.

Art. 32. — Le directeur et le directeur adjoint assistent, avec voix consultative, aux séances du Conseil d'administration.

Art. 33. — Le directeur est chargé de faire exécuter les délibérations et arrêtés du Conseil d'administration. Il dirige le travail des bureaux, règle et arrête, de concert avec l'administrateur de service, les conditions particulières des assurances dans les limites fixées par le Conseil d'administration. Il soumet au Conseil, de concert avec l'administrateur de service, l'état des pertes et dommages à la charge de la Compagnie, la situation de la caisse et celle des assurances. Il propose au Conseil la nomination, suspension et révocation des employés et agents de la Compagnie. Il signe les endossements, la correspondance, les quittances et toutes autres pièces de comptabilité journalière. Il signe, conjointement avec l'administrateur de service, les polices d'assurances, les pouvoirs délégués par le Conseil, les transferts de rentes, les procurations, les transactions, les compromis, et tous autres engagements de la Compagnie, conformément à l'art. 27 ci-dessus.

A l'exception d'une somme de 20,000 fr. qui sera maintenue dans la caisse, pour le service des dépenses courantes, toutes les sommes reçues en espèces par la Société seront, chaque jour, déposées à la Banque de France, pour être converties, s'il y a lieu, d'après la décision du Conseil d'administration, en valeurs d'une réalisation facile, et portant intérêt au profit de la Société.

Art. 34. — En cas d'empêchement du directeur, il est remplacé de droit et avec les mêmes pouvoirs par le directeur adjoint. A défaut de ce dernier, le Conseil d'administration délègue l'un des administrateurs ou un employé pour le remplacer.

En cas de mort, démission, révocation ou retraite du directeur et du directeur adjoint, le Conseil d'administration pourvoit provisoirement à leur remplacement jusqu'à la plus prochaine assemblée générale, qui procède au remplacement définitif.

Assemblée générale.

Art. 35. — L'assemblée générale se compose de tous les actionnaires propriétaires de trois actions nominatives au moins.

Les membres composant l'assemblée générale n'ont qu'une voix, quel que soit le nombre de leurs actions.

En cas d'absence, ils peuvent se faire représenter par un mandataire de leur choix pris parmi les actionnaires, quel que soit le nombre de ses actions ; si ce mandataire est, par lui-même, membre de l'assemblée générale, il ajoute à sa voix celle de son commettant. Nul actionnaire ne peut être porteur de plus d'un semblable mandat.

Les membres du Conseil d'administration et les directeurs n'auront pas voix délibérative lorsqu'il s'agira de la reddition des comptes ou de questions relatives à leur gestion.

Art. 36. — L'assemblée générale n'est valablement constituée que par la réunion d'un nombre d'actionnaires représentant la moitié des actionnaires titulaires de trois actions nominatives. Dans le cas où l'assemblée ne satisferait pas à cette condition, il sera procédé à une seconde convocation à quinze jours au moins d'intervalle et dans la forme prescrite par l'article 39 ci-après.

Dans cette seconde réunion, l'assemblée pourra délibérer, quel que soit le nombre des membres présents, mais seulement sur les objets à l'ordre du jour de la première.

Art. 37. — L'assemblée générale représente l'universalité des actionnaires, et ses décisions sont obligatoires pour tous, même pour ceux qui n'y ont pas concouru.

Art. 38. — L'assemblée générale ordinaire a lieu dans le mois d'avril de chaque année. Il y aura, en outre, des assemblées extraordinaires toutes les fois que le Conseil d'administration le jugera convenable, ou quand il sera requis par un nombre d'actionnaires représentant au moins le tiers des actions.

L'assemblée générale est convoquée par le directeur, après décision du Conseil d'administration.

Art. 39. — Les convocations sont faites par lettres adressées au domicile de chaque actionnaire nominatif, quinze jours au moins avant la réunion et par un avis inséré également quinze jours à l'avance dans deux journaux d'annonces légales, désignés par le tribunal de commerce de Paris, conformément à la loi du 31 mars 1833. Les lettres indiqueront l'objet de la convocation et les points sur lesquels l'assemblée sera appelée à délibérer et qui seront mis à l'ordre du jour.

Toute proposition étrangère à l'objet de la convocation sera renvoyée de droit à une assemblée générale extraordinaire.

A chaque réunion, l'assemblée nomme au scrutin secret et à la majorité absolue, un président pour régler l'ordre de ses délibérations, et à la majorité relative par scrutin de liste, un secrétaire pour rédiger les résolutions de l'assemblée et deux scrutateurs. Cette opération a lieu sous la présidence provisoire du président du Conseil d'administration, avec le concours des deux plus jeunes membres de l'assemblée, en qualité de scrutateurs.

Les scrutateurs ne peuvent être choisis parmi les membres du Conseil d'administration.

Art. 40. — L'assemblée générale, fixée au mois d'avril de chaque année, entend, discute et approuve, s'il y a lieu, le compte qui lui est rendu par le directeur des opérations de la Compagnie pendant l'année précédente, et nomme une Commission pour en faire l'examen, si elle le juge convenable.

ART. 41. — Les décisions sont prises à la majorité des membres présents.

En cas de partage, la voix du président est prépondérante.

ART. 42. — Il sera dressé procès-verbal de toutes les délibérations et décisions prises dans chaque séance de l'assemblée générale; le procès-verbal, signé de tous les membres du bureau, sera remis au Conseil d'administration; elles seront transcrites sur un registre tenu à cet effet.

ART. 43. — L'assemblée générale, convoquée extraordinairement et composée d'actionnaires représentant au moins la moitié, plus une, des actions, peut, à une majorité des deux tiers des membres présents et réunissant les deux tiers des actions représentées, adopter les modifications aux présents Statuts, dont l'expérience aura démontré la nécessité.

Ces modifications ne seront exécutoires qu'après l'approbation du Gouvernement.

Comptes annuels, Fonds de réserve, Répartition des bénéfices.

ART. 44. — Chaque année, la situation de la Compagnie est établie au 31 décembre, et le compte des bénéfices réalisés est arrêté à cette époque.

Lorsque la situation définitive de la Société aura été arrêtée par l'assemblée générale, sur les propositions du Conseil d'administration, il sera prélevé, sur les bénéfices nets réalisés, une quotité de 20 p. 0/0 au moins pour former un fonds de réserve.

Lorsque cette réserve s'élèvera à 300,000 fr., le prélèvement pourra être réduit à un dixième, et il cessera tout à fait lorsque ce fonds aura atteint 2,000,000 de francs, à moins toutefois qu'il n'en soit autrement décidé par l'assemblée générale des actionnaires.

Si, après avoir été élevée à 300,000 fr. ou à 2,000,000, la réserve venait à être entamée, le prélèvement d'un cinquième ou d'un dixième, suivant les cas, reprendrait son cours.

Le surplus des bénéfices, déduction faite de la part qui pourra être attribuée au directeur et au directeur adjoint, en vertu de l'article 31, sera réparti entre tous les actionnaires de la manière suivante :

1°. Un premier dividende, jusqu'à concurrence de 5 p. 0/0 de tous les fonds versés, sera distribué au *prorata* des versements faits par chaque actionnaire;

2°. L'excédant sera réparti au *prorata* du capital nominal de chaque action et coupon d'action.

ART. 45. — En cas de pertes qui absorberaient le fonds de réserve et plus d'un dixième du capital de la Société, le Conseil d'administration devra exiger de la part des actionnaires un versement proportionnel, jusqu'à concurrence de la somme nécessaire pour rétablir, après le payement des pertes, un fonds disponible, égal au dixième du capital.

Art. 46. — Dans le cas prévu par l'article précédent, la totalité des bénéfices, résultant des inventaires subséquents, sera affectée au remboursement des sommes exigées des actionnaires, à titre d'appel de fonds, conformément à l'article 15.

Lorsque les remboursements auront été complétés, les réserves prescrites par l'article 44 seront continuées dans les proportions qui y sont indiquées.

Le tout sans préjudice de l'obligation qui demeure imposée aux actionnaires, de contribuer de nouveau, s'il y a lieu, jusqu'à concurrence du montant de leurs actions, au payement des pertes qui pourraient survenir.

Dissolution et Liquidation.

Art. 47. — La dissolution de la Société aura lieu de plein droit si les pertes excèdent la moitié du capital social.

Cette dissolution pourra être prononcée par un nombre d'actionnaires représentant au moins les trois quarts des actions, si, par l'effet des pertes éprouvées, le capital social se trouve réduit de deux cinquièmes.

Art. 48. — Dans les cas prévus par l'article précédent, le Conseil d'administration est tenu de convoquer immédiatement l'assemblée générale.

Art. 49. — L'assemblée générale nomme, séance tenante, trois commissaires liquidateurs.

Art. 50. — Les commissaires liquidateurs font réassurer les risques non éteints, résilient les contrats existants s'ils le peuvent, de gré à gré.

Ils règlent et arrêtent le payement des pertes et dommages à la charge de la Compagnie.

Ils peuvent compromettre, traiter et transiger sur toutes contestations et demandes.

Art. 51. — Les actionnaires sont tenus, sur la demande de la Commission, de faire, s'il y a lieu, les versements nécessaires pour opérer le payement des charges de la Société, jusqu'à concurrence du montant de leurs actions.

Art. 52. — A l'expiration de l'année qui suivra l'époque où la liquidation aura été prononcée, il sera fait un inventaire de la situation de la Société. Le compte en sera rendu à l'assemblée générale, qui statuera sur le terme de la liquidation.

Arbitrage.

Art. 53. —Toutes les difficultés et contestations qui pourront s'élever pendant la durée de la Société ou lors de sa liquidation relativement à ses affaires et opérations, soit entre les actionnaires et la Compagnie, soit entre les actionnaires eux-mêmes, seront soumises au jugement d'un Conseil arbitral composé de trois membres choisis, les deux premiers, par chacune des parties intéressées, et le troisième, par les deux premiers arbitres nommés.

Si les deux arbitres ne peuvent s'entendre sur le choix du troisième, ou que l'une des parties n'ait pas nommé son arbitre dans les cinq jours de la sommation qui en sera faite, l'arbitre non désigné sera nommé d'office par le président du tribunal de commerce de la Seine, à la requête de la partie la plus diligente. Il en sera de même dans le cas où l'une des parties négligerait de nommer son arbitre.

La décision des arbitres aura lieu sans formalités ni délais judiciaires, par amiable composition. Elle sera définitive, sans appel, ni recours en cassation.

CONSEIL D'ADMINISTRATION.

M. Le comte CASIMIR DE MONTLIVAULT, O. ✳ ✳ ✠, ancien préfet et conseiller d'État, président honoraire;

MM. Le général comte de MONTLIVAULT, C. ✳ ✳, président;
Le général comte DUCHAFAULT, O. ✳, ancien député;
HUET, ancien avocat aux conseils du roi et à la cour de cassation;
DE COURTIGIS, O. ✳, lieutenant colonel d'état-major;
E. LAMULONIÈRE, ingénieur civil;
Le colonel baron de BOURGOING, O. ✳.
Le comte CHARLES DE MONTLIVAULT;
Le marquis de DRÉE, O. ✳, ancien député;
BAUDOUIN DES SALLES;
Le comte AMÉDÉE DE BEAUFORT.

Directeur général : M. le baron de CROZE, ✳, ancien préfet.
Directeur-adjoint : M. A.-G. GUÉRIN.

INSTRUCTIONS GÉNÉRALES

POUR

MM. LES DIRECTEURS D'ARRONDISSEMENT.

CHAPITRE PREMIER.

De l'Assurance en général et de son objet; Explication des termes.

1. — Les assurances en général sont des conventions verbales ou écrites, par lesquelles un des contractants s'oblige, moyennant une rétribution calculée par avance sur les chances que doit courir l'objet assuré, à indemniser l'autre contractant des avaries que peut éprouver sa propriété. *(Ce que sont les assurances.)*

2. — L'assurance contre l'incendie a pour but de garantir les assurés des pertes occasionnées par l'incendie et le feu du ciel aux valeurs mobilières et immobilières qui sont l'objet du contrat. *(Le but de celles contre l'incendie.)*

3. — Cette institution, fondée sur un principe de morale et d'utilité publique, ne peut, en aucun cas, devenir pour l'assuré l'occasion d'un bénéfice illicite, mais doit seulement lui procurer le dédommagement intégral de sa perte. *(Ne peuvent être une occasion de bénéfice.)*

4. — Partant de ce principe, on ne peut faire assurer que ce qu'on possède; on ne peut ni le faire assurer deux fois, ni le faire assurer pour une valeur exagérée; on ne peut enfin, en cas de Sinistre, après avoir reçu de l'assureur le montant du dommage, le réclamer une seconde fois des personnes responsables; ce recours appartient à l'assureur qui a supporté les pertes. *(Conséquences du principe.)*

5. — On nomme: *Police,* le contrat d'assurance; *Effet,* le moment où commence la garantie de la Compagnie envers l'assuré; *Prime,* le prix annuel de l'assurance; *Risque,* l'objet assuré; *Sinistre,* l'événement qui donne lieu à indemnité. *(Explication des termes.)*

CHAPITRE II.

Des divers systèmes d'Assurance contre l'Incendie.

Systèmes d'assurance.

6. — Il existe en France deux systèmes d'assurance : les assurances *à primes fixes* et les assurances *mutuelles*.

Assurances mutuelles.

7. — L'assurance mutuelle est l'association d'un certain nombre d'individus réunis dans le but de se garantir les uns les autres des effets de l'incendie. Les associés sont donc en même temps assurés et assureurs.

Leurs inconvénients.

8. — Dans les Sociétés *mutuelles*, le prix de l'assurance varie selon l'importance des Sinistres ; l'assuré, étant lui-même assureur, ne sait jamais la portée de l'engagement qu'il contracte, et renonce souvent à ce mode d'assurance après avoir reconnu qu'il est plus coûteux que les assurances à primes fixes. Aussi a-t-on vu plusieurs mutualités, successivement abandonnées par les sociétaires, finir par se liquider, en faisant éprouver aux assurés plus ou moins de retard dans le payement des Sinistres *.

Assurances à primes fixes. — Leurs avantages.

9. — Dans les assurances *à primes fixes*, au contraire, la cotisation est convenue d'avance et ne varie jamais pendant la durée du contrat. L'assuré n'a donc pas à craindre qu'on exige de lui un supplément de prime ; il n'est pas exposé non plus à attendre la réparation du dommage qu'il a souffert, le payement étant toujours immédiatement effectué après l'expertise faite.

Il y a deux classes de Compagnies.

10. — Pour l'exploitation de ce dernier système, il existe deux classes de Compagnies d'assurance, les *Sociétés anonymes* et les *Sociétés en commandite*.

Les Sociétés *anonymes* sont seules autorisées.

11. — Les Sociétés *anonymes* sont *seules* autorisées par le Gouvernement et placées sous son contrôle. Seules elles ont des statuts approuvés par le conseil d'État et sanctionnés par ordonnance royale. Seules aussi elles ont à justifier à l'autorité de la réalisation du capital social, et à lui rendre, tous les six mois, compte de leur situation ; à tous ces titres, elles obtiennent une faveur toujours croissante, et d'autant plus méritée que jamais aucune Société anonyme d'assurances contre l'incendie n'a manqué à ses engagements.

---

* Voici, entre beaucoup d'autres, quelques faits à l'appui :

La Société mutuelle pour les départements de l'Oise, de la Seine (Paris excepté), Seine-et-Marne, et Seine-et-Oise, qui a fait payer jusqu'à 10 fr. p. 1000 en une année, pour des Assurances qui, dans une Société à *primes fixes*, auraient coûté 30 ou 40 cent. p. 1000.

La Société mutuelle établie à Nancy pour les départements de la Meurthe, de la Meuse, de la Moselle, et des Vosges, dont les dernières contributions ont été de 2 fr. 32 c. à 5 fr. 83 c.

La Société du département de l'Aisne, qui a coûté 1 fr. 20 c. jusqu'à 5 fr. 95 c.

Enfin, la Société mutuelle établie à Dijon pour les départements de la Côte-d'Or, de l'Yonne, etc., qui n'a soldé qu'en 1836 et 1837, des indemnités dues depuis 1833 et 1834 ; dont les Sinistres de 1839 ne sont pas encore payés, et qui, en mai 1842, faisait seulement espérer que les années 1842 et 1843 lui permettraient *peut-être* de s'acquitter.

CHAPITRE III.

De l'organisation de la Compagnie LE DRAGON, *et de ses directions dans les départements.*

12. — Le *Dragon*, après l'accomplissement de toutes les formalités vou- Bases et administration. lues, a obtenu, sous la date du 8 mai 1842, une ordonnance du Roi qui approuve les Statuts de cette Société, tels qu'ils sont contenus dans l'acte passé, le 31 mars précédent, par-devant Me Dessaignes et son collègue, notaires à Paris.

13. — Cette Compagnie a un directeur général et un directeur adjoint, nommés par l'assemblée générale des actionnaires.

14. — La direction est placée sous la surveillance d'un Conseil d'administration composé de douze membres, tous choisis par l'assemblée générale des actionnaires.

15. — Le *Dragon* assure contre l'incendie et le feu du ciel toutes les propriétés mobilières et immobilières; il répond, en outre, des suites de l'incendie provenant de l'explosion du gaz et des poudrières.

16. — Le *Dragon* assure aussi, en vertu d'une clause spéciale, et moyennant une prime convenue, contre les dégâts causés, sans qu'il y ait incendie, par l'explosion du gaz employé à l'éclairage.

17. — Le *Dragon* a, dans chaque arrondissement de sous-préfecture, au Directeurs d'arrondissement. moins un représentant, qui porte le titre de directeur. Les directeurs d'arrondissement reçoivent des pouvoirs signés du directeur général et de l'administrateur de service.

18. — Les directeurs correspondent sans intermédiaire avec le Directeur général.

19. — Les directeurs peuvent être suspendus de leurs fonctions par le directeur général, mais leur révocation n'est définitive que lorsqu'elle est prononcée par le Conseil d'administration, sur la proposition du directeur général.

20. — Les attributions des directeurs sont déterminées par une procuration de la Compagnie et par les présentes instructions.

21. — Les directeurs sont soumis à la juridiction des inspecteurs munis des pouvoirs de l'administration.

22. — Les inspecteurs sont chargés de contrôler la gestion et la comptabilité des directeurs, de choisir et suspendre ces mandataires, de veiller à tous les besoins du service, enfin d'assurer l'exécution de toutes les mesures prescrites par l'administration, et d'y suppléer au besoin.

CHAPITRE IV.

Des objets qu'assure la Compagnie et de ceux qu'elle excepte.

23. — Toutes les assurances se divisent en dix classes d'objets, qui sont :

1°. *Les bâtiments de toute nature ;*

2°. *Les récoltes en meules ou en granges ;*

3°. *Les marchandises sans désignation d'espèce, même celles flottantes et celles en voyage ;*

4°. *Le mobilier industriel*, comprenant le matériel des fabriques, les ornements et l'ameublement des magasins, les outils d'une profession ou instruments d'exploitation d'une ferme ;

5°. *Le mobilier personnel ou de ménage ;*

6°. *Les bois et forêts, taillis et futaies ;*

7°. *Les créances hypothécaires ;*

8°. *Les bateaux dans les gares, ports, rivières et chantiers ;*

9°. *Le risque locatif ;*

10°. *Le recours des voisins.*

24. — Au moyen de l'assurance des créances hypothécaires, le créancier inscrit en ordre utile est garanti contre le préjudice que peut lui occasionner l'incendie de l'immeuble affecté à sa créance.

Par risque locatif, on entend le recours que le propriétaire a le droit d'exercer contre son locataire aux termes des articles 1733 et 1734 du code civil *.

---

* Art. 1733. — Il répond de l'incendie, à moins qu'il ne prouve que l'incendie est arrivé par cas fortuit, ou par force majeure, ou par vice de construction, ou que le feu a été communiqué par une maison voisine.

Art. 1734. — S'il y a plusieurs locataires, tous sont solidairement responsables de l'incendie, à moins qu'ils ne prouvent que l'incendie a commencé dans l'habitation de l'un d'eux, auquel cas celui-ci seul en est tenu, ou que quelques-uns ne prouvent que l'incendie n'a pu commencer chez eux, auquel cas ceux-là n'en sont pas tenus.

Cette assurance est de deux espèces, savoir :

Risques des maisons assurées aux propriétaires par la Compagnie.

Risques des maisons qui ne sont pas assurées ou qui le sont par d'autres compagnies.

A l'égard des premières, l'assurance du risque locatif consiste dans la renonciation par la Compagnie jusqu'à concurrence de la somme assurée et pendant la durée de l'assurance du propriétaire, au recours qu'elle aurait à exercer comme subrogée aux droits de celui-ci.

Dans le second cas, la Compagnie s'engage à indemniser le propriétaire aux lieu et place du locataire, si celui-ci est responsable, et ce, dans les proportions déterminées par l'article 4 de la police.

Le recours des voisins est celui qui a lieu à raison des dommages causés par communication d'incendie aux termes des articles 1382, 1383 et 1384 du Code civil *. Recours des voisins.

25. — Sont exceptés de l'assurance : Exceptions.

1°. *Les magasins et fabriques de poudre à tirer et d'amorces fulminantes;*

2°. *Les titres et papiers de toute nature;*

3°. *Les récoltes sur pied;*

4°. *Les diamants et pierres précieuses non montés; les lingots et monnaies d'or et d'argent;*

5°. *Le roulage à l'étranger;*

6°. *Les créances chirographaires.*

---

* Art. 1382. — Tout fait quelconque de l'homme qui cause à autrui un dommage, oblige celui par la faute duquel il est arrivé, à le réparer.

Art. 1383. — Chacun est responsable du dommage qu'il a causé non-seulement par son fait, mais encore par sa négligence ou par son imprudence.

Art. 1384. — On est responsable non-seulement du dommage que l'on cause par son propre fait, mais encore de celui qui est causé par le fait des personnes dont on doit répondre ou des choses que l'on a sous sa garde; le père et la mère après le décès du mari, sont responsables du dommage causé par leurs enfants mineurs habitant avec eux; les maîtres et les commerçants, du dommage causé par leurs domestiques et préposés dans les fonctions auxquelles ils les ont employés; les instituteurs ou artisans, du dommage causé par leurs élèves ou apprentis pendant le temps qu'ils sont sous leur surveillance. La responsabilité ci-dessus a lieu, à moins que les père et mère, instituteurs ou artisans, prouvent qu'ils n'ont pu empêcher le fait qui donne lieu à cette responsabilité.

CHAPITRE V.

Des fonctions des directeurs.

Attributions des di-
recteurs.

26. — Les directeurs d'arrondissement institués conformément aux prescriptions de l'art. 17 des instructions générales sont, dans les limites de leur circonscription, les représentants de tous les intérêts de la Compagnie.

Leurs fonctions consistent à examiner les propositions d'assurances, les admettre, les modifier ou les rejeter.

A déterminer les conditions particulières des polices, et à appliquer les primes selon le tarif.

A rédiger et à signer les polices.

A soigner le recouvrement des primes, et à poursuivre, lorsqu'il y a lieu, les assurés retardataires.

Le tout en se conformant aux statuts, aux présentes *instructions générales*, aux circulaires et à la correspondance particulière de la Compagnie.

27. — S'il survient des contestations avec les assurés, les directeurs en réfèrent à la Compagnie qui leur transmet ses instructions. En cas d'urgence, ils prennent, avant d'agir, l'avis d'un homme de loi.

28. — En cas d'incendie, ils procèdent suivant les règles établies au chapitre XIV des présentes Instructions.

Agents auxiliaires.

29. — Les directeurs se font seconder, sur le territoire de leur circonscription, par des agents qu'ils nomment (*Voir* Modèle de commission n° 1), révoquent et rétribuent, et dont ils sont responsables.

Défense de signer des
polices en blanc.

30. — Dans aucun cas, les directeurs ne pourront remettre à leurs agents des polices signées en blanc, ni leur donner l'autorisation de les signer eux-mêmes, ou de prendre, au nom de la Compagnie, aucun engagement, à quelque titre que ce soit.

Ils doivent stimuler fréquemment le zèle de ces auxiliaires, et les diriger dans leurs opérations.

Nombre des agents.

31. — Il faut au moins un agent par canton : cependant on peut suppléer au nombre par le choix d'un ou plusieurs auxiliaires ambulants, lorsqu'on rencontre des personnes ayant l'activité nécessaire pour se transporter fréquemment dans plusieurs cantons.

Remplacement des
agents.

32. — Lorsque les agents manquent de zèle, ou lorsqu'ils se laissent trop facilement rebuter par les obstacles, le directeur ne doit pas hésiter à les remplacer.

33. — La distribution des prospectus, l'apposition des affiches, et le concours actif des agents sont des moyens de propagande que doivent employer les directeurs; mais ces représentants de la Compagnie sont tenus surtout de faire incessamment les démarches personnelles les plus actives pour obtenir la confiance des propriétaires, commerçants, industriels, etc. *Moyens à employer pour obtenir des assurances.*

34. — Ils fixeront leur attention sur toutes les propriétés importantes, ainsi que sur tous les grands établissements industriels existant dans leur circonscription, afin de procurer à leur agence le patronage des personnes marquantes dont le suffrage et l'exemple peuvent influer sur le public. *Des grandes propriétés.*

35. — Dans le même but, ils chercheront à se ménager la bienveillance des diverses autorités, et à obtenir d'elles l'assurance des bâtiments communaux, biens des hospices, églises, presbytères, tribunaux, etc. *Assurance des édifices publics.*

36. — En cas d'incendie, les directeurs doivent redoubler d'activité pour tirer parti de l'impression que produisent toujours ces malheureux événements, et faire sentir aux personnes non assurées, combien elles s'exposent en négligeant de recourir à une compagnie qui offre les plus satisfaisantes et les plus complètes garanties de tout genre. *Démarches à faire en cas de sinistres.*

37. — Les démarches des directeurs doivent s'étendre également aux propriétés déjà assurées par d'autres compagnies ou des sociétés mutuelles. Chaque jour quelques-unes de ces assurances arrivent à leur terme, et rien n'empêche d'en solliciter la reprise ou le renouvellement, comme s'il s'agissait d'assurances nouvelles, en se renfermant toutefois dans les limites que tracent la loyauté et les convenances. (*Voir* art. 186, 193 et suivants et Modèle n° 8.) *Des propriétés assurées par d'autres compagnies.*

38. — Les directeurs ne s'attacheront point trop exclusivement aux assurances de maisons et bâtiments; il faut qu'ils sollicitent avec le même empressement celles des mobiliers, marchandises, produits de récoltes, etc., qui ne sont pas moins exposés à l'incendie, et qui entrent généralement pour une très-forte part dans la masse des opérations de toute agence bien dirigée. *Des objets mobiliers.*

39. — Le renouvellement des assurances déjà souscrites par la Compagnie doit être aussi l'objet de la constante sollicitude des directeurs; il n'est pas moins important pour la Compagnie de conserver les assurés que d'en acquérir de nouveaux. *Renouvellement des assurances de la Compagnie.*

40. — Enfin, MM. les directeurs doivent sans cesse généraliser leurs

investigations et leurs démarches, et multiplier leurs sollicitations et leurs efforts, en se persuadant bien qu'il n'est pas de localité ni de domicile où il ne se trouve des valeurs assurables, et que c'est du zèle, de la persévérance et de l'activité qu'ils déploieront, que dépend le succès de la Compagnie.

CHAPITRE VI.

Des risques; de leur définition; limite des pouvoirs des directeurs.

Définition du mot risque.

41. — On entend par un même risque la somme assurée à une ou plusieurs personnes sur tous les objets qui, par leur réunion ou agglomération, sont exposés à être détruits par un même incendie; ainsi, par exemple :

La Compagnie ayant assuré à Julien une maison . . . . 40,000 fr.
Audit son mobilier au deuxième étage de cette maison. . . . 10,000
A Eugène son mobilier au premier étage. 10,000
A Ernest ses marchandises au rez-de-chaussée. 50,000

Total. 110,000,

ces quatre assurances, quoique bien distinctes et appartenant à plusieurs personnes, ne forment qu'un seul risque.

42. — La Compagnie considère également comme formant un seul risque, les bâtiments, le mobilier industriel et les marchandises dépendant d'une usine ou fabrique, lors même que les objets assurés n'ont entre eux aucune communication ni contiguité.

Risques distincts.

43. — Les maisons et bâtiments sont considérés comme des risques distincts, lorsqu'ils sont séparés par des murs de refend s'élevant jusqu'à la toiture, sans aucune ouverture intérieure.

44. — Les bâtiments isolés les uns des autres sont aussi considérés comme risques distincts, quoiqu'ils dépendent de la même propriété, pourvu qu'à raison de leur éloignement, ou par d'autres circonstances, il ne soit pas à craindre que l'incendie de l'un d'eux doive entraîner la perte des autres.

Nature des risques.

45. — Les risques sont divisés par leur nature en diverses catégories.

L'immeuble divisé, suivant sa construction en trois classes, l'est encore en maison d'habitation, habitations professionnelles, fermes et bâtiments d'exploitation rurale et fabriques.

Le mobilier, en meubles de ménage, objets d'art, objets précieux, mobilier industriel et ustensiles d'agriculture;

Les marchandises, en marchandises non hasardeuses, hasardeuses, doublement hasardeuses et faciles à endommager.

C'est en raison de ces diverses catégories et en leur conservant les mêmes dénominations que les tarifs ont été établis; nous y reviendrons avec détail au chapitre VIII, ci-après, à propos de l'application des primes.

46. — Indépendamment des objets exclus par l'article 25, les directeurs ne peuvent assurer qu'en vertu d'une autorisation spéciale de la Compagnie :

1°. Les filatures de coton;
2°. — *id* — de laine;
3°. — *id.* — de lin;
4°. Les fabriques de sucre de betteraves;
5°. Les raffineries de sucre;
6°. Les papeteries;
7°. Les fabriques de cuirs vernis;
8°. — *id.* — de toiles cirées;
9°. — *id.* — d'amadou et d'allumettes;
10°. — *id.* — de noir animal;
11°. — *id.* — de térébenthine et de vernis;
12°. — *id.* — de garance;
13°. Les distilleries d'esprits;
14°. Les salles de spectacle et les maisons contiguës (Voyez art. 74);
15°. Les bateaux à vapeur, ainsi que tous autres navires ou bateaux sur chantiers et dans les ports, rivières ou bassins;
16°. Les collections de tableaux, médailles, statues, et autres objets de curiosité (Exception, voyez art. 90);
17°. Les tulles, dentelles, cachemires (Exception, voyez art. 89 et 95);
18°. Les marchandises en route;
19°. Les établissements industriels en non-activité;
20°. Les risques déjà assurés par d'autres Compagnies, et que celles-ci ou leurs agents voudraient céder en totalité ou partie, par voie de réassurance ou de partage;
21°. Les marchandises flottantes, c'est-à-dire sans désignation des magasins où elles pourraient être renfermées, ni des sommes affectées à chaque magasin;
22°. Les forêts et les bois taillis de toutes essences;
23°. Toute fabrique ou usine de la 2ᵉ catégorie du tarif.

47. — Les directeurs ne peuvent également, sans avoir obtenu le consentement préalable de la Compagnie, assurer, sur un seul et même risque, au delà des sommes suivantes :

100,000 fr. Sur bâtiments de première classe sans destination dangereuse;

50,000 fr. { Sur mobilier de ménage;
{ Sur marchandises non hasardeuses;

20,000 fr. (Sur marchandises hasardeuses et faciles à endommager; usines, fabriques autres que celles désignées en l'article 46;
(Sur bâtiments de ferme de première et de seconde classe;
(Sur récoltes en meules, pourvu que les meules soient placées à dix mètres au moins l'une de l'autre, et qu'il y ait la même distance entre elles et tout bâtiment quelconque;

5,000 fr. Sur un ensemble de bâtiments couverts en bois ou chaume, qui seraient exposés à être détruits par un même incendie.

30,000 fr. Sur mobiliers et marchandises qui augmentent les risques.

48. — Sont aussi assujettis à l'approbation préalable de la Compagnie :

1°. Toute assurance supplémentaire ou cumulative qui porterait des assurances existantes au delà du maximum ci-dessus ;

2°. Toute augmentation, mutation ou changement quelconque concernant des assurances sur usines ou fabriques, souscrites en vertu de l'autorisation spéciale de la Compagnie;

3°. Le renouvellement de ces mêmes assurances.

Assurances des propriétés des directeurs.

49. — Les directeurs ne peuvent signer les polices concernant leurs propriétés; ils doivent seulement les rédiger en triple expédition, et les envoyer à l'approbation de la Compagnie.

Assurances supplémentaires hors du territoire.

50. — Il leur est interdit de consentir aucune assurance cumulative ou supplémentaire sur des assurances faites par un de leurs collègues.

Demande d'autorisation et pièces nécessaires à produire.

51. — Les demandes d'autorisation pour usines et fabriques doivent être accompagnées de propositions sur des feuilles imprimées dont la Compagnie munit ses directeurs, et qui indiquent tous les renseignements à fournir.

52. — Ces propositions seront accompagnées de renseignements spéciaux et d'un tracé linéaire des lieux.

53. — A défaut de ces productions régulières et complètes, il ne pourra être statué sur la demande des directeurs.

Durée des autorisations.

54. — Les autorisations de la Compagnie ne sont valables que pendant un mois; passé ce délai, si l'assurance n'a pas été consommée, le directeur doit adresser au directeur général une nouvelle demande en autorisation.

55. — Des maximum ont été déterminés par les statuts, article 6; mais par prudence la Compagnie ne fait pas usage de toute la latitude qui lui est laissée; et pour éviter aux directeurs toute incertitude, elle leur indique ci-après les sommes que, sur des demandes spéciales de leur part, elle pourra les autoriser à assurer sur un seul risque.

S'il s'agit de fabriques ou usines tarifées :

A 5 p. 0/00 et au-dessus, le maximum, déduction faite du cinquième qu'il faut toujours laisser à la charge de l'assuré, sera de. . . . . 80,000 fr.

De 2 à 5 p. 0/00 (5ᵉ déduit). 120,000

Au-dessous de 2 p. 0/00. 150,000

S'il s'agit de marchandises en magasin non hasardeuses, le maximum pourra être porté à. . . . . 200,000 fr.

Hasardeuses à. 125,000

Répertoire des risques communs.

56. — Dans les grandes villes comme Paris, Lyon, Bordeaux, Marseille, Lille, Rouen, Rennes, Mulhouse, Nantes, etc., plusieurs assurances réunies

peuvent former un risque collectif considérable en raison de la valeur des bâtiments, des mobiliers et marchandises qui y sont contenus.

On devra, en conséquence, tenir un état des assurances par *rues* et *numéros* des maisons, afin de pouvoir être toujours fixé sur la position de la Compagnie sur tel ou tel point, et d'éviter que la somme assurée sur un seul risque ou sur plusieurs risques, formant *risque commun*, dépasse l'un des maximum ci-dessus fixés.

57. — Dans les villes secondaires et les bourgs ou villages d'une certaine importance où les bâtiments sont de première classe, les moyens de secours organisés et suffisants, il faut diviser les risques de manière à ce que la Compagnie ne soit pas exposée à perdre par suite du plus grave incendie plus de 50,000 fr. *Division des risques dans les villages.*

58. — Dans les localités du même ordre où les bâtiments, quoique de première classe, sont en grande partie en pans de bois, et dont la construction est mauvaise ou défectueuse, où il n'existe point de moyens de secours organisés, notamment dans celles qui sont ordinairement privées d'eau, il faut répartir les risques de telle sorte que la Compagnie ne puisse perdre plus de 30,000 fr. par un seul incendie. On doit, en pareil cas, éviter, autant que possible, de garantir sur une ligne de maisons adhérentes, plus de deux à trois bâtiments contigus, en laissant deux bâtiments d'intervalle au moins entre cette contiguité de risques et ceux que l'on pourrait garantir sur la même ligne. Les mêmes dispositions doivent être prises à l'égard des bâtiments qui, sans être contigus, forment entre eux une agglomération telle que la communication du feu peut facilement s'étendre de l'un à l'autre. *Villages privés d'eau et de secours. Précautions.*

59. — Dans les villes, bourgs, villages ou hameaux où les couvertures sont en totalité ou en majeure partie en bois ou chaume, et qui sont, par cela même sous le coup d'une destruction totale ou du moins d'un désastre considérable, il faut isoler les risques soit par un, soit par deux et rarement par trois bâtiments au plus, de manière à ce que la perte de la Compagnie ne puisse, dans les cas les plus désastreux, dépasser de 10 à 15 mille francs. *Couvertures en bois ou chaume. Divisions à observer.*

60. — On prendra, en outre, pour base d'opérations dans ces localités la règle de ne garantir que dix bâtiments environ sur cent au plus, en donnant toujours la préférence aux propriétaires les plus notables et à ceux qui feraient ou auraient déjà fait assurer des risques de première classe.

61. — Afin de pouvoir toujours se rendre compte du nombre et de l'importance des assurances de chaque commune, MM. les directeurs sont invités à *Répertoire des risques par commune.*

tenir un répertoire *divisé par communes* et contenant le numéro de chaque police et le capital assuré. — Ils diviseront, en outre, les sommes assurées en trois colonnes.

La première contiendra celles assurées sur risques de première classe.

La seconde » » risques de deuxième classe.

La troisième » » risques de troisième classe.

Ayant ainsi sous les yeux la répartition de leurs opérations, ils pourront facilement voir quels sont les points où il faut augmenter et ceux où il faut restreindre les assurances souscrites par la Compagnie.

Il sera même à propos d'annoter en tête de chaque commune le nombre de bâtiments, la nature des constructions et des couvertures, les moyens de secours et tous autres renseignements statistiques qu'ils auront pu se procurer sur la localité.

62. — Les directeurs ne peuvent souscrire des assurances hors de leur territoire que dans les deux cas suivants :

1°. *Lorsque les propriétaires ont leur domicile dans la direction;*

2°. *Lorsque des motifs particuliers, tels que des liaisons de famille, d'affaires ou de société, ont déterminé la préférence obtenue sur le directeur titulaire.*

Cette faculté ne peut s'étendre, sans autorisation spéciale, aux risques de la deuxième et troisième classe du tarif, ni aux fabriques et usines de quelque nature qu'elles soient.

CHAPITRE VII.

Des propositions d'assurances et de leur vérification.

63. — Les propositions d'assurance sont faites par écrit (*V.* Modèle n° 2).

Elles indiquent, aussi exactement que possible, la situation, la nature et la valeur des objets à assurer, ainsi que les dangers particuliers qu'ils peuvent présenter.

Le directeur écrit sommairement, à la suite, le résultat des vérifications et renseignements obtenus.

Les propositions sont annexées à l'expédition de la police, qui reste déposée aux archives de l'agence.

64. — Les propositions ne sont qu'un préliminaire ou projet d'assurance : elles n'engagent en aucune manière la Compagnie, ni par elles-mêmes, ni par les circonstances dont elles peuvent être accompagnées et suivies, telles que la remise d'une plaque, le dépôt d'une somme destinée au payement de la prime, des pourparlers ou conventions verbales entre les agents et les assurés, etc., etc.

La Compagnie n'est obligée que lorsque la police d'assurance a été signée par les deux parties, et que la prime a été payée.

65. — Si la proposition est faite directement au directeur, il la vérifie lui-même ou en dirige la vérification. *Leur vérification.*

Si elle est envoyée par un agent, le directeur doit s'assurer que toutes les vérifications prescrites ci-après ont été faites avec soin.

66. — Les vérifications doivent principalement porter sur les trois points suivants :

1°. La moralité des assurés ;

2°. La nature des constructions et couvertures et l'appréciation des chances particulières d'incendie ;

3°. La valeur des objets à assurer.

Des vérifications morales.

67. — Ces vérifications consistent à s'informer de la réputation de l'assuré ainsi que de l'état de ses affaires, en évitant une enquête qui pourrait le blesser. *Leur but.*

68. — Lorsque des propositions sont faites par des personnes d'une probité douteuse, elles doivent être refusées sans balancer, surtout s'il s'agit d'objets mobiliers et de marchandises. *Cas de rejet.*

69. — Les assurances demandées par des personnes connues pour être gênées, ainsi que celles des fabriques et usines mal dirigées ou en décadence, doivent également être rejetées.

70. — On n'admettra pas non plus les propositions d'assurances lorsqu'elles sembleront être dictées par la crainte de haines particulières, par le voisinage de gens de mauvais renom ou par des menaces d'incendie.

Vérification de la nature des risques et des chances d'incendie.

71. — Cette vérification a lieu dans le double but de refuser les assurances trop dangereuses, et de déterminer le taux des primes à appliquer. *En quoi cette vérification consiste.*

4

Elle consiste à examiner :

1°. Le genre de construction des bâtiments ;

2°. Leur estimation ;

3°. La nature des marchandises qui peuvent y être emmagasinées, ainsi que la profession qu'on y exerce ;

4°. La communication des bâtiments entre eux, ou leur séparation, soit par un espace vide, soit par un mur de refend s'élevant, sans ouverture intérieure, jusqu'à la toiture ;

5°. La contiguïté qui pourrait exister avec un ou plusieurs des risques mentionnés dans l'article 10 de la police ;

6°. Et enfin, les circonstances qui peuvent occasionner où propager l'incendie.

Mauvaises assurances dans le voisinage.

72. — Si le directeur est informé qu'il a été fait par des sociétés mutuelles ou par d'autres compagnies, des assurances exagérées à des personnes suspectes, habitant des maisons voisines de celle proposée à l'assurance, il refusera la proposition.

Fabriques et usines mal disposées.

73. — Il rejettera également les demandes d'assurances sur les fabriques et usines, où les fours, tuyaux de poêle, appareils d'éclairage, etc., seront placés de manière à aggraver sensiblement les risques.

Théâtres.

74. — Les renseignements à envoyer à la Compagnie pour les propositions d'assurances sur les théâtres et sur les maisons qui les avoisinent, devront indiquer :

1°. La nature des constructions ;

2°. Le genre du spectacle ;

3°. Le nombre annuel des représentations, bals ou concerts ;

4°. Les précautions habituellement prises pour éviter ou éteindre les incendies.

Renseignements à prendre sur les usines et fabriques.

75. — Quand une usine ou fabrique est proposée à l'assurance, le directeur doit la visiter lui-même, et, indépendamment des vérifications générales, il doit recueillir avec précision tous les renseignements indiqués au modèle n° 3, joint aux présentes.

Assurance des mobiliers.

76. — Si des assurances sur marchandises, mobiliers et produits de récoltes sont demandées séparément des bâtiments qui les renferment, il n'en faut pas moins soumettre ces bâtiments aux mêmes vérifications que s'ils devaient eux-mêmes être garantis par la Compagnie.

77. — En conséquence de l'article 9 de la police, cet acte ne doit jamais relater l'examen des lieux fait par le directeur ou toute autre personne déléguée, et il ne peut être remis aux assurés aucune pièce qui constate cette vérification.

Les vérifications ne doivent pas être mentionnées dans la police.

Vérification des sommes à assurer.

78. — L'agent doit commencer par expliquer au proposant les articles 17 et 20 des conditions de la police, afin qu'étant prévenu des effets de l'assurance, il ne fasse assurer que la juste valeur de sa propriété.

Explications à donner aux proposants.

79. — Néanmoins, l'agent ne doit rien négliger pour reconnaître lui-même cette valeur aussi exactement que possible, car une assurance exagérée expose toujours la Compagnie, soit à la mauvaise foi, soit à la négligence des assurés.

80. — On ne peut jamais consentir à faire faire d'avance par experts, même aux frais de l'assuré, une estimation destinée à lier définitivement la Compagnie *, ce serait une dérogation à l'article 17 de la police, d'après lequel l'assureur ne peut être tenu que de la valeur réelle au moment de l'incendie.

Il ne peut être fait d'expertise préalable.

81. — On ne peut, non plus, dire dans la police que les valeurs ont été reconnues et vérifiées.

82. — Pour les maisons et bâtiments, la valeur vénale, c'est-à-dire le prix que vaut l'immeuble en cas de vente, est la base dont il faut toujours le plus possible se rapprocher. Ce prix s'estime soit par comparaison avec des immeubles semblables vendus depuis peu dans la localité, soit d'après le prix de l'acquisition, si elle est récente, ou bien encore d'après le revenu de la propriété, déduction faite, dans tous les cas, de la valeur du sol et des terrains qui en dépendent. Le plus ou le moins de facilité de la vente doit même être pris en considération, et il faut réduire l'assurance en proportion des obstacles que pourrait rencontrer le propriétaire s'il voulait réaliser.

Maisons et bâtiments valeur vénale.

83. — Si la valeur vénale est par trop difficile à apprécier, l'agent peut se régler d'après le cours approximatif des constructions, en faisant la différence du neuf au vieux.

---

* L'expérience a démontré les inconvénients de toute expertise préalable qui, ayant lieu sans un intérêt pressant et actuel, n'est jamais faite avec les soins et la précision nécessaires. Cette estimation est d'ailleurs illusoire pour les objets susceptibles de déplacement.

84. — Si des propriétaires proposent de ne leur assurer que les parties les plus combustibles, telles que croisées, planchers, charpentes, etc., on se refusera à cette demande, de même qu'à celle d'excepter de l'assurance les caves et fondations.

85. — Lorsque, par la situation ou la destination de certains bâtiments, notamment de ceux à usage d'usine ou de fabrique, ils n'ont de valeur que pour le propriétaire qui les occupe, ils ne peuvent être assurés que pour une somme équivalente à celle que produirait la vente des matériaux, en augmentant cette somme d'un quart à un tiers pour évaluation de la main-d'œuvre.

86. — La règle ci-dessus s'applique particulièrement, aux anciens châteaux de construction massive, ainsi qu'aux bâtiments de ferme qui ont cessé d'être en rapport avec l'étendue de l'exploitation. Il convient même quelquefois, pour ces natures de propriétés, de n'assurer que le produit présumé des matériaux sans rien y ajouter pour la main-d'œuvre.

Mobilier de ménage. 87. — L'assurance d'un mobilier de ménage pourra être faite sur la simple déclaration du proposant, lorsque la valeur déclarée paraîtra être en rapport avec sa fortune ou son état de maison.

Dans le doute, il faut vérifier sommairement en s'abstenant de toute recherche minutieuse ou importune.

88. — La somme à assurer doit être répartie de la manière suivante :

1°. Sur meubles meublants, glaces, pendules, ornements, vases, lits, linge, effets d'habillement et tous ustensiles de ménage;

2°. Sur argenterie;

3°. Sur bibliothèque *;

4°. Sur chevaux et voitures.

Tulles, dentelles et cachemires. 89. — Les tulles, dentelles et cachemires ne peuvent être compris dans l'assurance d'un mobilier pour plus d'un dixième de sa valeur totale, et il faut que la somme assurée sur ces articles soit spécialement mentionnée dans la police (*V.* art. 46).

Tableaux et objets d'art. 90. — Il en est de même des objets d'art, tels que tableaux, statues, médailles, curiosités, etc. (*V.* art. 46).

---

* Les manuscrits et les livres rares et précieux doivent être exceptés.

91. — L'appréciation des ustensiles, outils et métiers appartenant à des marchands, artisans ou petits fabricants, s'opère comme celle du mobilier de ménage.

92. — L'assurance du mobilier industriel des fabriques et usines réclame une grande attention. Elle doit être basée, non sur le prix que ce mobilier a pu coûter à établir, mais sur son degré de perfection et d'utilité, eu égard au temps qu'il a servi et au temps qu'il peut durer encore. Des métiers anciens et défectueux, des machines usées, ne doivent pas être confondus avec des objets neufs et d'un système perfectionné. Mobilier industriel.

C'est donc la valeur vénale au moment de la proposition qui doit déterminer le montant de l'assurance. Lorsque les connaissances personnelles du directeur seront insuffisantes, il consultera soit un autre fabriquant, soit un constructeur, et, au besoin, il s'en fera accompagner sur les lieux.

93. — La somme à assurer sur marchandises avec désignation s'établit d'après le cours du jour. Marchandises.

94. — Les assurances sur marchandises en roulement dans le commerce d'un négociant, d'un marchand, ou d'un fabriquant, se font pour une somme équivalente à l'étendue des affaires du proposant, d'après les renseignements pris chez les personnes exerçant un commerce semblable ou analogue.

Ces assurances donnant facilement prise aux combinaisons de la mauvaise foi, il importe de ne les traiter qu'avec beaucoup de circonspection.

95. — La règle établie à l'article 89 est applicable aux tulles, dentelles et cachemires, faisant partie d'un commerce de merceries et nouveautés, c'est-à-dire qu'ils ne peuvent être compris dans l'assurance pour plus d'un dixième, et il faut en faire une mention spéciale dans la police. Tulles, dentelles et cachemires.

96. — La somme à assurer aux commissionnaires de roulage, sur marchandises en route, se détermine : Roulage.

1°. Par le nombre de voitures qu'ils expédient journellement ou chaque semaine ;

2°. Par le nombre de jours (terme moyen) que chaque voiture doit rester en route ;

3°. Par la somme que le commissionnaire veut garantir sur chaque chargement.

Ces observations doivent être consignées dans les propositions d'assurance :

on en vérifie l'exactitude par le journal d'expédition du proposant et au besoin par des informations *.

Produits de récoltes.

97. — Les produits de récoltes s'évaluent d'après la quantité de terres qu'exploite le proposant, et en supputant ce qu'elles rapportent, année commune.

Bestiaux, instruments aratoires.

98. — L'appréciation des bestiaux, des troupeaux et des instruments aratoires s'opère par une vérification sur les lieux et d'après les prix du pays.

Vers à soie

99. — La somme à assurer sur une récolte de vers à soie se détermine par la quantité de graine que le propriétaire fait éclore chaque année; seulement il faut avoir soin d'introduire une condition réglementaire dans la police pour le cas où le sinistre surviendrait pendant le cours de l'une des quatre maladies dont les vers à soie sont attaqués (*V.* Modèle n° 19 formule 5).

Créances hypothécaires.

100. — La somme à assurer à un créancier hypothécaire peut être de tout ou partie de la valeur de la maison ou du bâtiment servant de gage à sa créance. Si l'agent reconnaît que la créance n'arrive pas en ordre utile, il n'y a pas lieu à assurance, et la proposition doit être refusée.

Risques locatifs.

101. — L'assurance du risque locatif est ordinairement basée sur la valeur du bâtiment tenu en location.

S'il y a plusieurs locataires dans une même maison, l'assurance du risque locatif doit être fixée, pour chacun d'eux, à quinze fois environ le montant annuel de son loyer (art. 4 de la police).

Recours des voisins.

102. — Une seule somme suffit pour garantir contre le recours de tous les voisins d'une seule maison; mais si l'on veut se faire garantir contre cette chance pour plusieurs maisons séparées, il faut affecter une somme spéciale à chacune d'elles.

Assurance cumulative.

103. — Lorsque sur des objets dont l'assurance est proposée, il existe déjà des assurances souscrites à d'autres Compagnies, on peut, ou assurer la par-

---

* Exemple : Un commissionnaire de roulage est reconnu expédier chaque semaine cinq voitures; elles restent, terme moyen, 10 jours en route. La valeur approximative de chacune d'elles est de 20,000 fr.

Le montant du risque se résume comme suit :

Si on expédiait une voiture chaque jour, il y en aurait dix en route avant que la première fût arrivée; donc le risque, constamment au cours, consisterait en 10 voitures à 20,000 fr. Total : 200,000 fr.

Mais, les expéditions se bornant à 5 voitures par semaine, soit 5 départs pour 7 jours, il faut prendre les 5/7 seulement de cette somme, ce qui réduit le risque à 143,000 fr. (nombre rond).

lie proposée en supplément (*V*. Modèle de déclaration n° 19), ou reprendre la totalité de l'assurance, en substituant la Compagnie aux lieu et place de l'assuré vis-à-vis des anciens assureurs (*V*. art. 193 et Modèle n° 8).

CHAPITRE VIII.

Application des primes.

104. — L'application de la prime est ordinairement déterminée par une double circonstance, la nature *de l'objet assuré* et celle *de la construction qui le renferme*. **MM**. les directeurs ne devront jamais perdre de vue pendant le cours de leurs opérations cette loi fondamentale qui a présidé à la division des tarifs.

En effet, une liste générale, classée par catégorie de risques, indique la nature des objets à assurer; les primes afférentes à chacun d'eux sont fixées en regard, pour les sept classes de bâtiments dans lesquelles ils peuvent être contenus.

105. — Les primes portées en rouge dans le tarif sont strictement obligatoires.

Aucune modification ne peut être consentie sur les autres, sans une autorisation expresse de la Compagnie; toute demande relative à une réduction de tarif, devra être accompagnée des renseignements prescrits par l'article 51.

106. — La prime des bâtiments, dans les cas non prévus par le tarif, est des $\frac{3}{4}$ de la prime du mobilier et des marchandises qui y sont contenus.

Lorsque la construction de l'immeuble fait partie de la troisième classe du tarif, la prime pour les bâtiments est la même que pour les mobiliers et marchandises.

107. — La prime due pour les différents objets formant communauté de risques est celle du risque le plus fort; ainsi :

Une maison d'habitation communiquant avec une fabrique paye la prime de cette fabrique;

Des marchandises hasardeuses emmagasinées dans une maison, la rendent passible de leur prime diminuée d'un quart;

Des bâtiments de première et de deuxième classe payent la prime de la troisième, lorsqu'ils communiquent avec des bâtiments couverts en chaume.

108. — Lorsqu'une assurance porte sur plusieurs bâtiments dépendant d'une même propriété, mais formant des risques distincts, chaque bâtiment paye la prime de son propre risque; il faut stipuler la prime de chaque risque, et non faire une seule prime moyenne pour le tout.

Dépendances des fabriques et usines.

109. — Mais dans les fabriques et usines, les dépendances contiguës, quoique sans communication, payent le quart de la prime de l'usine ou de la fabrique.

Machines à vapeur.

110. — Les machines à vapeur, en payant la prime qui leur reste propre (*V.* le tarif), ne l'imposent pas aux établissements qui en dépendent, si ceux-ci sont portés au tarif à une moindre prime.

Mais si elles appartiennent à un établissement taxé plus haut, la prime de ce dernier leur est applicable.

Voisinage.

111. — Le voisinage des théâtres, des filatures de lin, de laine ou de coton, des fabriques et raffineries de sucre, des fabriques de cuirs vernis et des fabriques de garance, assujettit également au quart de la prime de ces établissements, les maisons contiguës et sans communication, qu'elles appartiennent ou non au même propriétaire.

Maison de campagne.

112. — Tout risque contigu à un bâtiment couvert en bois ou en chaume, paye de même le quart de la prime applicable à ce dernier, à moins que la partie couverte en bois ou en chaume ne consiste qu'en un simple appentis peu élevé et adossé à un mur en pierres.

Maison de ferme.

113. — Tout bâtiment situé à la campagne et servant à une exploitation rurale, grande ou petite, doit la prime des fermes ; mais cette prime n'est point exigible pour les maisons d'habitation communément appelées maisons bourgeoises, lors même qu'elles renferment, pour l'usage des personnes qui les habitent, une vache, ou un ou deux chevaux, ainsi que les fourrages nécessaires à l'entretien de ces animaux.

114. — Une maison de fermier ou de cultivateur, lorsqu'elle est séparée des granges, écuries ou étables par un intervalle ou par un mur en pierres ou briques, sans ouverture intérieure, et s'élevant jusqu'aux toits, peut être assurée comme risque distinct, selon sa classe, au prix des maisons d'habitation, pourvu que cette maison ne renferme ni fourrages, ni récoltes non battues.

Vignerons.

115. — Les maisons rurales, habitées par des personnes qui ne se livrent pas à d'autres cultures que celle de la vigne, peuvent, lorsque les constructions et couvertures sont de première classe, être assurées à 60 cent. pour mille, et le contenu à 90 cent.

Marchandises de risques différents dans un même magasin.

116. — Si des marchandises de risques différents sont assurées au même nom, dans le même magasin, la prime du risque le plus faible peut être appliquée, pourvu que les marchandises hasardeuses n'excèdent pas 10 p. 0/0, les marchandises doublement hasardeuses 5 p. 0/0, de la valeur totale des marchandises à assurer (*V.* art. 45).

Ainsi, par exemple, si on assure 100,000 fr. sur un magasin contenant principalement des vins, on peut comprendre dans l'assurance, en le mentionnant :

Soit 10,000 fr. d'eaux-de-vie ;

Soit 5,000 fr. d'esprits ;

Soit 5,000 fr. d'eaux-de-vie et 2,500 fr. d'esprits ;

Soit enfin toute proportion dans laquelle les eaux-de-vie, prises pour leur valeur, et les esprits calculés au double, n'excèdent pas 10 p. 0/0 du total de l'assurance.

Au delà de ces proportions, la prime du risque le plus fort doit être exigée.

117. — De même, dans l'assurance des marchandises hasardeuses, on peut admettre, sans augmentation de prime, jusqu'à concurrence de 10 p. 0/0 de marchandises doublement hasardeuses.

118. — Les bâtiments couverts partie en tuiles et en ardoises et partie en bois et chaume, pourront être assurés à la moitié de la prime du risque de la troisième classe, à laquelle ils appartiennent, quand la partie couverte en tuiles ou ardoises sera la plus étendue.

Dans le cas contraire, le bâtiment payerait les trois quarts de la prime.

119. — Les récoltes en meules placées près de fermes couvertes en chaume, à une distance moindre de 15 mètres, payent la prime de ces fermes, si elle est supérieure à celle des meules (*V.* art. 47, § 4).

Réciproquement, les meules placées près d'un bâtiment de première ou de seconde classe, assujettissent ce bâtiment à la prime dont elles sont passibles.

120. — Les maisons dans lesquelles il existe un simple débit de poudre, dont l'approvisionnement est de 5 à 18 kilogrammes, peuvent être assurées moyennant un supplément du quart de la prime.

121. — La prime du risque *locatif* (*V.* art. 24, § 2, et art. 101 et 141), est du *quart* de celle applicable à l'immeuble, si celui-ci est déjà assuré par la Compagnie, et sans que cette prime puisse jamais être inférieure à 15 centimes.

Si l'immeuble n'est pas assuré par la Compagnie, et qu'il soit à usage de *fabriques* ou *usines,* la prime est des *trois quarts* de celle du tarif ; la prime est aussi des *trois quarts* de celle portée au tarif, s'il s'agit de tout autre risque que des fabriques et des usines ; mais alors elle ne saurait être au-dessous de 30 centimes par *mille.*

5*

Recours de voisins. — **122.** — L'assurance contre le *recours de voisins* (Art. 24, § 6; et art. 102 et 141), se fait à raison du *quart* de la prime la plus forte qui soit applicable à la maison de l'assuré ou à celles des voisins, sans que cette prime puisse jamais être au-dessous de 20 centimes par 1,000 fr.

Les risques locatifs et les recours des voisins ne peuvent être cumulés. — **123.** — Les risques *locatifs* et le *recours de voisins* ne peuvent être assurés cumulativement; l'assurance doit être distincte, tant pour son montant que pour le taux des primes.

Assurance pour moins d'une année. — **124.** — La prime des assurances souscrites pour *moins d'une année* est payée dans les proportions suivantes:

Pour 3 mois et au-dessous, *moitié* de la prime;

Pour 3 mois 1 jour jusqu'à 6 mois, les *deux tiers* de la prime;

Pour assurances de 6 mois 1 jour à un an, la prime *entière*.

Exceptions. — **125.** — Les fabriques et usines, ainsi que les pailles, foins et fourrages, en granges ou en magasins, ne peuvent être assurés à une prime inférieure à celle d'une année entière.

Salles de spectacle. — **126.** — La prime des salles de spectacle est déterminée par le conseil d'administration; elle varie de 5 à 20 par *mille* (*V.* art. 74).

Marchandises hasardeuses à l'usage de certaines professions. — **127.** — Les marchandises hasardeuses ou doublement hasardeuses, à l'usage d'une profession, d'une usine ou d'une fabrique, tarifée à une prime moindre, ne sont soumises qu'à la prime due à raison de cette profession, etc., pourvu que leur quantité n'excède pas l'approvisionnement ordinaire.

Marchandises hasardeuses dans les provisions de ménage. — **128.** — Les objets qui ne sont destinés qu'à la consommation habituelle d'une maison, tels que huile, eaux-de-vie, liqueurs, ne sont point considérés comme aggravant le risque, et ne donnent lieu à aucune augmentation de prime.

Écuries des maisons de particuliers. — **129.** — Ne sont point non plus regardées comme accroissement de risque, les écuries des maisons de simples particuliers: seulement, les provisions de paille et de fourrages payent la prime qui leur est propre.

Marchandises faciles à endommager. — **130.** — La prime fixée au tarif pour les marchandises faciles à endommager n'est applicable qu'à elles seules, et non aux bâtiments qui les renferment ou autres marchandises auxquelles elles peuvent se trouver réunies.

Établissements de charité, édifices publics. — **131.** — Il est accordé aux établissements de charité, ainsi qu'aux édifices publics, une diminution de 10 p. 0/0 des primes portées *en rouge* au tarif, et de 20 p. 0/0 sur celles *en noir*.

Cas d'application de la prime par analogie. — **132.** — S'il est présenté à l'assurance des risques non portés au tarif, et qui paraissent offrir plus de dangers que les risques simples, on détermine la prime par analogie.

CHAPITRE IX.

De la police.

133. — La police est faite par écrit et sous signature privée. *Sa forme et ses effets.*
Elle est datée du siége de l'agence (et non d'aucun autre lieu) et du jour auquel elle est souscrite.

Elle n'a d'effet que du lendemain de sa date, à midi, et ne peut jamais avoir d'effet rétroactif; mais on peut stipuler qu'elle recommencera à une date postérieure *.

134. — La police ne peut être faite que sur des imprimés fournis par la *Usage des polices.*
Compagnie. Ils sont de deux formats, le plus grand est destiné aux assurés, et l'in-4° sert pour l'agence et pour la Compagnie.

135. — La police est faite en triple expédition : une pour l'assuré, une *Triple expédition.*
autre pour le directeur, et la troisième pour être envoyée à la Compagnie.

Chaque expédition de la police est signée par les parties contractantes; l'assurance n'est consommée qu'après l'accomplissement de cette formalité.

Si l'assuré ne sait point signer, il doit faire une croix tenant lieu d'une signature, laquelle doit être certifiée par deux témoins. (Modèle n° **19**, formule **13**.)

136. — La police se compose de conditions générales et particulières : les *Ce dont elle se com-pose.*
premières sont imprimées, elles dérivent des principes établis par les présentes Instructions.

137. — Il ne peut en aucun cas y être dérogé sans une approbation spé- *On ne peut déroger aux conditions géné-rales ni les commen-ter.*
ciale, que la Compagnie accordera seulement dans des cas tout à fait extraordinaires.

Il est également interdit à MM. les directeurs d'introduire dans la police aucune interprétation ou commentaire de ces conditions, ni d'en biffer la moindre partie.

138. — Toutefois, comme des explications verbales peuvent être deman- *Commentaires aux conditions générales de la police.*
dées à MM. les directeurs, nous croyons devoir entrer avec eux dans quelques

---

* Ceci a lieu particulièrement pour le renouvellement des assurances de la Compagnie, ainsi que pour les reprises des risques assurés par d'autres Compagnies, lorsqu'on contracte avant l'échéance de la police primitive. Ces assurances ou reprises s'appellent *assurances à terme*.

éclaircissements sur celles de ces conditions qui pourraient faire naître des objections dans l'esprit des assurés.

Art. 2.

139. — La garantie des Compagnies ne s'étendant qu'à des valeurs matérielles, on a dû exclure nécessairement de l'assurance les titres et papiers de toute nature, qui n'ont de valeur réelle que pour leurs possesseurs.

En stipulant qu'elle ne répondait pas, à moins de conventions spéciales, des explosions ou détonations, la Compagnie a voulu réserver à MM. les directeurs la possibilité de déroger à cette condition générale toutes les fois que l'assuré consentira à payer une prime particulière pour les risques d'explosion du gaz.

Art. 3.

140. — La prudence a nécessité, sinon l'exclusion complète, du moins la mention spéciale des objets d'une soustraction trop facile et dont il ne reste aucun vestige après l'incendie.

Art. 4.

141. — Nous avons expliqué, art. 24, ce qu'on entendait par risque locatif; la somme assurée sur ce risque doit être au moins de quinze fois la valeur du loyer. S'il en était autrement, la Compagnie se trouverait garantir, moyennant une somme trop modique, tous les dégâts partiels qui atteindraient les assurés.

Quant au risque du recours des voisins, on n'a point observé de minimum; la quotité de la somme est laissée à la volonté de l'assuré. Il est presque inutile d'ajouter que la Compagnie ne peut être tenue de payer un dommage excédant la somme par elle garantie.

Art. 5.

142. — De ce qu'on ne peut faire assurer que ce qu'on possède (art. 4), résulte naturellement l'obligation de mentionner dans la police la qualité de l'assuré.

Art. 6.

143. — La prime annuelle étant l'indemnité de la Compagnie pour les risques auxquels elle s'expose, cette prime doit être d'un recouvrement certain. C'est pourquoi on a exigé le payement d'avance; si l'assuré n'acquitte pas la prime à son échéance, il doit être déchu de tous ses droits contre la Compagnie, puisqu'il a violé la clause principale du contrat, l'engagement sans lequel la police n'eût pas eu lieu.

Art. 8.

144. — En cas de faillite, décès, vente ou toute autre cause de changement de possesseur, la Compagnie doit exiger la déclaration des syndics, héritiers, acquéreurs, puisque la moralité de l'assuré a été la cause déterminante du contrat. Elle doit avoir la faculté de faire cesser sa police, si le nouveau propriétaire ne lui présente pas des garanties suffisantes.

Cette formalité est encore indispensable à la continuation de la police, parce que la Compagnie ne peut être engagée vis-à-vis des nouveaux propriétaires, sans que ceux-ci le soient envers elle.

145. — La fixation de la prime résultant des chances courues par l'objet assuré, il est du devoir de tout assuré de déclarer exactement et la nature des objets qu'il possède, et les procédés de fabrication qu'il emploie. La vérification serait toujours inefficace sans cette déclaration, car il est du libre arbitre de l'assuré de cacher au vérificateur les parties et les matières dangereuses de son établissement. Art. 9

146. — Tout changement qui augmente les chances d'incendie doit aussi être déclaré à la Compagnie, puisqu'il change naturellement l'essence de la police, et que dès-lors de nouvelles conditions doivent intervenir entre l'assuré et la Compagnie. Art. 10

147. — L'assuré ne pouvant réclamer deux fois le montant du dommage, doit déclarer, sous peine d'être déchu de tous ses droits en cas d'incendie, les assurances supplémentaires qu'il a fait ou pu faire opérer par d'autres Compagnies. L'absence de cette déclaration doit être considérée comme une tentative de fraude de la part de l'assuré. Art. 11.

148. — Les modifications prévues par les deux articles qui précèdent portant atteinte aux conditions de la police, la Compagnie doit avoir, dans ces deux cas, la faculté de la faire cesser, si elle le trouve convenable à ses intérêts. Art. 12.

Par suite du même motif, l'assuré doit être passible de la non-exécution des mesures qu'il s'est obligé d'accomplir.

Il est juste que la prime d'une année commencée soit acquise à la Compagnie, puisqu'il a suffi que l'assurance ait couru quelques jours pour que l'assuré ait un droit à une indemnité totale si un sinistre avait éclaté pendant ce laps de temps. Art. 13.

149. — Les formalités prescrites par ces deux articles doivent être ponctuellement observées, afin que la Compagnie, prévenue à temps, puisse, par son intervention, empêcher les soustractions et les avaries qui suivent toujours les incendies considérables. Art. 14 et 15.

150. — Pendant le cours de l'assurance, l'assuré peut toujours vendre ou céder une portion des objets garantis. Ceci a lieu plus particulièrement dans Art. 17.

le commerce. Dans ce cas, l'assuré ne peut réclamer que le montant de la perte réelle qu'il a éprouvée, et non les sommes portées dans la police.

151. — Tous les renseignements que l'assuré pourra fournir en cas d'incendie, doivent être présentés par lui, dans le but de prouver l'existence et la valeur des objets incendiés.

Quand tous les documents sont anéantis par le feu, on y supplée en déférant le serment à l'assuré.

L'assuré qui a cherché à tromper la Compagnie sciemment et à spéculer sur un sinistre, doit être considéré comme l'auteur de l'incendie, et dès lors en supporter les conséquences.

152. — Quand l'assuré n'a pas fait couvrir la valeur totale des objets en risque, il doit supporter, en cas d'incendie, sa part proportionnelle du dommage; ainsi, par exemple :

Pierre possède 100,000 francs de marchandises dans un même magasin et n'en fait assurer que 50,000 seulement; s'il survient un incendie de 20,000 francs, la Compagnie ne devra rembourser que 10,00 francs, puisque, la moitié de la valeur des marchandises étant assurée, le sinistre doit avoir atteint, dans la même proportion, celles qui étaient assurées et celles qui ne l'étaient pas.

153. — Les objets avariés par l'incendie ont toujours une valeur plus grande pour l'assuré que pour la Compagnie; l'assuré doit donc être obligé de les reprendre pour le montant de leur estimation, si la Compagnie l'exige.

L'assurance ne devant jamais donner lieu à aucun bénéfice, il est tout naturel que la Compagnie ait le droit de réparer le dommage causé en rétablissant les objets assurés dans l'état où ils se trouvaient au moment du sinistre.

154. — Le recours contre les personnes responsables de l'incendie, doit appartenir à la Compagnie qui a remboursé le dommage (Art. 4). L'assuré doit en conséquence la subroger dans tous ses droits et actions.

155. — Les conditions particulières de la police sont manuscrites; elles contiennent :

1°. La description des objets assurés;

2°. Le nom et le domicile de celui qui fait assurer;

3°. La qualité en laquelle il agit, soit celle de propriétaire, de locataire de créancier hypothécaire, de commissionnaire, etc.;

4°. La durée de l'assurance;

5°. Le taux et le montant de la prime.

156. — Il ne peut être laissé aucun blanc dans la police ; lorsque les conditions particulières ne remplissent pas tout l'espace qui leur est destiné, il faut tirer des lignes diagonales sur la partie non remplie, afin qu'on ne puisse rien y intercaler. *On ne doit y laisser aucun blanc.*

157. — Tout renvoi, toute rature, et tous mots interlignés doivent être approuvés et paraphés par les parties, soit en marge, soit au bas de la police. *Approbation des surcharges et ratures.*

Toute surcharge est formellement interdite.

158. — Les sommes et les dates doivent être écrites en toutes lettres. *Sommes et dates en toutes lettres.*

159. — Les Directeurs, pour la rédaction des polices, se conformeront aux modèles *ad hoc* annexés aux présentes Instructions (Modèles 4 à 18). Ils éviteront tous détails minutieux sur les dimensions ou distributions des bâtiments, ainsi que toute nomenclature des objets mobiliers, et, en général, toutes explications insolites qui surchargeraient, au moins inutilement, le contrat. *Modèles.*

Toute police concernant une assurance assujettie à la déduction du cinquième, doit être rédigée conformément au Modèle n° 13. *Assurance avec déduction du cinquième.*

160. — Les mots *valant, estimé, évalué*, ne doivent jamais accompagner les sommes assurées, et on ne doit non plus se servir d'aucune locution analogue, qui pourrait donner aux assurés le prétexte de soutenir que, contrairement aux conditions générales de la police, la valeur a été reconnue et agréée par la Compagnie (*V.* art. 79 et suiv.). *Termes ou locutions prohibés.*

161. — Il faut, autant que possible, éviter l'emploi de termes locaux qui pourraient empêcher la Compagnie de bien comprendre la nature des risques. *Termes locaux.*

162. — La police ne doit être délivrée aux assurés qu'après que les *trois* exemplaires ont été signés par eux* et par le Directeur, et que la prime stipulée au comptant a été payée (*V.* art. 64 et 214). *Délivrance des polices aux assurés.*

163. — Il est expressément recommandé aux Directeurs de ne jamais remettre ou envoyer des polices incomplètes à leurs agents, en chargeant ceux-ci de les remplir (*V.* art. 30). *Elles ne doivent pas être remises incomplètes aux agents.*

164. — La police porte un numéro d'ordre dont la série doit être suivie sans interruption (*V.* art. 288). *N°s d'ordre.*

165. — Si une maison est occupée par un ou plusieurs locataires, on mentionne cette circonstance dans la police. *Mention des locataires.*

166. — Lorsque l'assurance porte sur plusieurs bâtiments faisant partie *Assurance distincte sur chaque bâtiment.*

---

* L'assuré doit signer lui-même la police (sauf l'exception, art. 135, § 3). La signature de la femme ou des enfants, même majeurs, serait sans valeur, à moins d'un pouvoir spécial en forme.

de la même propriété, chacun d'eux doit, autant que possible, être assuré séparément pour une somme spéciale.

Et, s'ils forment des risques distincts (*V.* articles 43 et 44), mention en sera faite dans la police.

Tracé linéaire. **167.** — Pour les exploitations rurales, et pour les fabriques et usines, un tracé linéaire des lieux devra toujours être mis au bas de la police ou y être annexé.

Indications particulières aux fabriques et usines. **168.** — Si l'assurance porte sur une usine ou fabrique, la police indique :

1°. Le moteur ; manége, machine hydraulique, pompe à feu ;

2°. Le genre de chauffage et d'éclairage ;

3°. La disposition des séchoirs, étuves, fours, et autres locaux où l'on emploie le feu comme agent de fabrication.

Modes d'assurances de divers genres de risques. **169.** — Le risque locatif, le recours des voisins, les créances hypothécaires, le roulage et les théâtres s'assurent au moyen de formules particulières (*V.* Modèles nᵒˢ **6, 16, 17** et **18**).

Il ne faut pas admettre, dans les polices, de délégation au profit d'un créancier, si ce n'est dans les termes formulés au Modèle n° 16.

Nombres ronds des valeurs assurées. **170.** — Pour la simplification des écritures, il faut toujours établir les valeurs assurées par nombre rond de centaines, c'est-à-dire sans unités ni dizaines. Il convient aussi d'éviter les fractions rompues de centimes dans le taux et le montant des primes ; le nombre des centimes devra toujours se terminer par 0 ou par 5, et à cet effet on le forcera, au besoin, à l'avantage de la Compagnie.

Ce qu'on peut assurer par une même police. **171.** — On peut assurer, par une seule et même police, les bâtiments et leurs dépendances, ainsi que ce qu'ils renferment, ou diverses propriétés situées en plusieurs lieux et appartenant à la même personne ; mais on ne peut comprendre dans cette police des assurances de durées diverses.

Mention à faire en tête de la police. **172.** — Lorsqu'une assurance aura été souscrite en vertu de l'autorisation spéciale de la Compagnie (art. 46), la date et le n° de la lettre d'autorisation devront être mentionnés en tête de la police, au-dessus des mots : *Le Dragon*.

173. — Il faut faire aussi mention de la communauté de risques (art. 56) entre plusieurs polices, par ces mots : *Risque commun avec la police n°* . . .

Durée des polices. **174.** — Les polices se souscrivent communément pour *dix* années ; mais elles ne peuvent jamais être faites pour une prime inférieure à celle de *six* mois (*V.* article 124).

Leur coût. **175.** — Outre la prime d'assurance, les assurés sont tenus de payer une somme de **2** fr. pour prix de la police.

CHAPITRE X.

Des avenants, ou des changements et des causes d'annulation qui surviennent dans les assurances.

176. — Les assurances, pendant leur cours, peuvent éprouver des changements. *(Changements que les assurances peuvent subir.)*

Ces changements sont ordinairement occasionnés :

1°. Par l'augmentation ou la diminution du capital assuré ;

2°. Par le transport des objets assurés d'un lieu dans un autre ;

3°. Par des variations survenues dans la nature du risque ou dans les localités ;

4°. Par la déclaration d'assurances faites par d'autres Compagnies ;

5°. Par des mutations de propriété.

177. — Les changements, lorsqu'ils exigent des détails trop compliqués ou lorsqu'ils sont relatifs à des diminutions du capital assuré ou de la prime, s'opèrent par une nouvelle police qui annulle la précédente (*V.* art. 294); s'ils ont rapport à des augmentations du capital assuré, ils s'opèrent par une police *supplémentaire*, sans annulation de la précédente (*V.* art. 293). *(Comment on opère les changements.)*

Dans les autres cas, on les stipule par un acte additionnel qui se nomme *Avenant* (*Voir* au modèle n° 20 les formules spéciales selon les divers motifs de changement). *(Avenants.)*

178. — Les *avenants* sont faits, selon le cas, en triple ou quadruple expédition, sur des imprimés fournis par la Compagnie. *(Forme des avenants.)*

Ils doivent relater la date et le numéro de la police à laquelle ils se rattachent, ainsi que le nom de l'assuré.

Ils énoncent les motifs et les effets du changement.

Ils sont, de même que les polices, datés, en toutes lettres, du siége de la Direction, et signés par les parties ; ils ne peuvent être antidatés, et n'ont d'*effet* que du jour de la signature.

179. — Lorsqu'il est fait successivement plusieurs *avenants* à une police, on les distingue par ces mots : *Avenant* n° 1, *avenant* n° 2, etc. *(N^{os} d'ordre des avenants.)*

180. — Un *avenant* ne peut s'appliquer collectivement à plusieurs polices ; il faut faire autant d'*avenants* qu'il y a de polices à changer. *(On ne peut faire d'avenants collectifs.)*

181. — Les Directeurs ne peuvent souscrire aucun *avenant* à des polices qui n'appartiennent pas à leur Direction. *(Avenants interdits.)*

Classements et envoi des avenants.

182. — Les *avenants* sont annexés aux polices qu'ils concernent, et une expédition doit en être envoyée à la Direction générale.

Avertissements à donner aux assurés.

183. — Quoique les assurés soient tenus, à peine de nullité (*V.* art. 10, 11 et 12 *des Conditions générales* de la police), de prévenir la Compagnie des changements que peuvent éprouver leurs risques, le Directeur, lorsque ces changements viendront à sa connaissance avant que la déclaration lui en ait été faite, rappellera aux assurés leurs obligations, et les invitera à se mettre promptement en règle.

Les annulations se font par avenants.

184. — Les *annulations* ou *résiliations* d'assurances (*V.* art. 226) s'opèrent aussi par *avenants*.

Vérifications à faire en cas de changement.

185. — Lorsque des réductions ou annulations sont demandées par les assurés, les Directeurs doivent, avant de les admettre, examiner si elles sont bien motivées.

Pour tous les autres changements, il y a lieu aux mêmes vérifications que pour les propositions d'assurances, et, si les Directeurs le jugent utile aux intérêts de la Compagnie, ils peuvent, en vertu de l'article 12 de la police, résilier l'assurance.

CHAPITRE XI.

Des renouvellements et des reprises d'assurances.

Renouvellement d'assurance.

186. — Le *renouvellement* est la continuation d'une assurance déjà souscrite par la Compagnie, après l'expiration du terme pour lequel elle a été contractée.

Les renouvellements se font par de nouvelles polices.

187. — Les *renouvellements* ne peuvent être opérés par voie de prolongation des anciennes polices ; ils doivent, à peine de nullité, faire l'objet d'une police nouvelle, libellée conformément aux dispositions du chapitre IX des présentes Instructions générales, et aux tarifs de la Compagnie.

Autorisation de renouvellement.

188. — Tout renouvellement d'une assurance précédemment autorisée, doit être soumis de nouveau, et préalablement, à l'approbation de la Compagnie (*V.* les art. 46 à 54).

Renouvellement d'une assurance en cours.

189. — On peut *renouveler* une police *en cours* avant son expiration, mais *avec effet* du jour de cette expiration ; cette clause est stipulée dans la nouvelle police, par l'indication suivante : *La présente assurance est faite pour..... années, à partir du..... (le jour de l'expiration de la police de l'assuré à la Compagnie le Dragon).*

190. — Dans le cas ci-dessus, la prime stipulée n'est payable qu'à l'époque où commence l'assurance nouvelle (*V.* art. 292).

191. — Les polices *renouvelées* doivent être rédigées aux primes et conditions en vigueur au moment de leur signature, et nonobstant toutes autres dispositions contraires du contrat d'assurance primitif.

192. — Les *renouvellements* peuvent s'opérer, ainsi qu'il vient d'être dit aux articles 189 et 190 ci-dessus, une et même plusieurs années avant l'expiration de la police *en cours*. Les Directeurs n'attendront point l'échéance des polices pour s'occuper de les renouveler; ils doivent, au contraire, s'efforcer d'en réaliser le renouvellement avant l'expiration, pour prévenir les efforts de la concurrence, et conserver à la Compagnie les assurés qui lui avaient primitivement donné leur confiance. Toutefois, les Directeurs auront soin d'examiner préalablement si les risques n'ont pas diminué de valeur, si les dangers d'incendie ne se sont pas accrus, et si la moralité de l'assuré, sa surveillance, l'état de ses affaires, etc., etc., offrent toujours les mêmes garanties.

A la fin de chaque mois, les Directeurs font connaître, s'il y a lieu, par le bordereau d'*annulation* qu'ils envoyent à la Compagnie (Modèle n° 36), les assurances *éteintes* dans le mois écoulé (*V.* art. 305); ils ont soin de noter à la colonne d'observations les assurances qui ont été *renouvelées* et les causes du *non renouvellement* des autres.

193. — Les *reprises* d'assurances sont le contrat par lequel une Compagnie se substitue, suivant les conditions générales et particulières de sa police, et moyennant une prime convenue, à tous les droits et charges d'un assuré envers une autre Compagnie, soit à *prime fixe*, soit *mutuelle*, jusqu'à l'expiration du contrat d'assurance *en cours*.

194. — En principe, la *reprise* d'assurance peut s'étendre à tous les risques immobiliers et mobiliers, dont la garantie est permise à la Compagnie; par contre, elle ne peut *reprendre* ceux dont l'acceptation lui est interdite (*V.* art. 23 et 25 des présentes Instructions).

195. — La *reprise* d'assurance sur les Compagnies à *primes fixes* a pour *effet* de remplir, en cas de sinistre, leurs engagements vis-à-vis des assurés, si ces Compagnies cessaient d'être en état de les remplir elles-mêmes.

La Compagnie ne reprend, quant à présent, que les risques des Sociétés anonymes.

196. — Avant d'accepter la *reprise* d'un risque couru en tout ou en partie par une autre Compagnie, les Directeurs vérifieront avec soin la valeur des objets proposés à la reprise, et si cette évaluation leur paraissait exagérée, ou si, pour tout autre motif, ils étaient fondés à suspecter les garanties matérielles ou morales du risque, la *reprise* devrait en être refusée.

197. — Les *reprises* sur les Compagnies à *primes fixes* sont faites à des primes égales à celles que l'assuré s'est obligé de payer aux premiers assureurs.

198. — Aucune *reprise* d'assurance sur une Compagnie à *primes fixes* ne peut être consentie, qu'à la condition par l'assuré de contracter, en même temps et par la même police, une assurance directe avec la Compagnie, pour une durée de sept années au moins, laquelle assurance aura son *effet* à l'expiration de la police reprise et actuellement *en cours*.

199. — Il est interdit aux Directeurs de reprendre aucune police ayant plus de trois années à courir, à moins que l'assuré ne fasse couvrir en même temps un supplément d'assurance.

200. — Lorsque les Directeurs opèreront une reprise sur une Compagnie à primes fixes, ils auront à se conformer, pour la rédaction de la police, au Modèle n° 8, et pour l'inscription, aux art. 296 à 298.

201. — Dès qu'une reprise d'assurance sur une Compagnie à primes fixes sera effectuée, les Directeurs devront, conformément aux conditions de la police reprise, déclarer au représentant de cette Compagnie l'opération qui a eu lieu et en demander acte.

En cas de refus, ils feront immédiatement signifier cette reprise par acte extrajudiciaire, d'après le modèle n° 21 (*Formule 1*).

L'accomplissement de cette formalité est rigoureusement prescrit aux Directeurs; toute omission, tout retard placerait le *Dragon* en déchéance vis-à-vis de la Compagnie sur laquelle la reprise aurait été opérée, et le priverait, en cas de sinistre, des répétitions qui lui appartiennent comme subrogé aux droits de l'assuré.

202. — Les *reprises* d'assurances sur les Sociétés *mutuelles* ont pour *effet* de mettre la Compagnie aux lieu et place des assurés vis-à-vis de ces Sociétés. La Compagnie est soumise, en conséquence, aux obligations de ces assurés, et exerce leurs droits pendant la durée de leurs assurances.

203. — Plusieurs Sociétés mutuelles interdisent à leurs sociétaires, à peine de déchéance en cas de sinistre, de consentir aucune assurance nouvelle ni réassurance sur les risques engagés à l'association; d'autre part, les statuts de la plupart de ces Sociétés disposent que les engagements seront *quinquennaux*, et qu'ils seront *renouvelés de plein droit* pour une nouvelle période de *cinq années*, si, trois mois au moins avant l'expiration de *chaque période de cinq ans*, le sociétaire ne déclare pas à l'Administration centrale qu'il renonce à faire partie de l'association mutuelle. tuelles avant d'accepter les reprises.

Avant d'accepter une reprise sur une Société mutuelle, les Directeurs auront donc soin,

1°. De consulter les statuts de cette association et de s'assurer qu'ils n'imposent pas aux sociétaires l'*interdiction absolue* dont il est question ci-dessus, auquel cas la reprise d'assurance devrait être refusée;

2°. Si cette clause n'est pas imposée aux sociétaires, de faire déclarer, immédiatement après la reprise d'assurance, le désistement du sociétaire mutualiste afin d'éviter le renouvellement de son engagement par *tacite reconduction*. A cet effet, le Directeur se fera remettre par le sociétaire l'acte de retraite dont le modèle est joint aux présentes Instructions générales, n° 21, formule 2°.

204. — Cet acte, rédigé sur papier timbré, sera signifié, à la diligence du Directeur, à l'agent de la Société mutuelle ayant qualité pour en donner récépissé, ou à l'Administration centrale de cette association. Déclaration de désistement aux Compagnies mutuelles.

205. — Si l'Administration de la Société mutuelle ou son agent refusait d'admettre cette déclaration pure et simple et d'en donner récépissé, il faudrait la lui faire signifier par ministère d'huissier, aux frais du sociétaire qui voudrait se faire réassurer. Signification par huissier.

206. — Dans les cas prévus par les deux articles précédents, les actes de désistement n'ont nul besoin, pour être valables, d'être individuels. Si les Directeurs ont plusieurs reprises à opérer sur la Société mutuelle de leur circonscription, ils peuvent, pour diminuer les frais et mettre plus de célérité dans l'opération, comprendre plusieurs sociétaires dans un seul et même acte, libellé aux noms et qualités de tous, en y mentionnant les indications détaillées des valeurs assurées à chacun d'eux et des dates de leurs polices. Signification collective.

207. — Les *reprises* sur les Sociétés mutuelles sont effectuées aux taux des primes du tarif du *Dragon*, augmenté d'une prime annuelle de 1/4 pour mille. Cette prime extraordinaire pourra être plus considérable selon la situation plus ou moins prospère de la Société mutuelle sur laquelle la *reprise* sera opérée. Taux de la prime de reprise sur les Compagnies mutuelles.

208. — Les dispositions des articles 198 et 199 sont applicables aux reprises sur les Sociétés mutuelles.

Rédaction des polices de reprises sur les Compagnies mutuelles.

209. — Lorsque les Directeurs auront à rédiger une police *en reprise* sur une Société mutuelle, ils devront y insérer, à la suite des conditions particulières, la clause spéciale libellée au Modèle n° 5.

CHAPITRE XII.

Des plaques.

Plaques. Leur avantage, leur but.

210. — Les plaques sont le signe indicatif de l'assurance.

Elles ont pour avantage et pour but de signaler au public l'existence et les progrès de la Compagnie, et de stimuler par l'exemple les propriétaires non assurés.

Elles sont aussi une sauvegarde pour l'assuré lui-même contre les inimitiés ou les vengeances personnelles auxquelles il pourrait être exposé.

Enfin, en cas d'incendie, elles provoquent de la part de la population et de la force publique des secours plus prompts et plus énergiques, par l'appât des récompenses qu'on peut obtenir de la Compagnie.

Les assurés, comme la Compagnie, ont donc intérêt à l'apposition des plaques à l'endroit le plus apparent de leur propriété ou de leur demeure. Les Directeurs insisteront de tous leurs moyens pour obtenir que les assurés prennent la plaque, et pour qu'elle soit posée en grande évidence aussitôt la police signée et la prime payée (art. 214 et 323).

On peut, par exception, en dispenser les assurés.

211. — Néanmoins, comme pour les cas prévus par l'article suivant, les plaques ne sont pas obligatoires, si un assuré insistait formellement pour ne pas en supporter la dépense, le Directeur renoncerait à la lui imposer.

Plaques obligatoires.

212. — L'apposition ostensible de la plaque est absolument indispensable quand l'assurance porte sur des récoltes en meules, des bois sur pied et en chantier, des halles à charbon, des bateaux à vapeur, navires et bateaux sur chantier, dans les ports, rivières et bassins, des marchandises en champ de foire et tous autres objets abandonnés à la foi publique.

Leur prix.

213. — Le prix des plaques est payé par les assurés à raison de 2 francs 25 centimes pour les *grandes*, et de 1 fr. 50 centimes pour les *petites*.

Dans tous les cas, la dimension de la plaque est indifférente à la validité du contrat d'assurance.

214. — Ainsi qu'il a été dit (art. 210), les plaques ne doivent être remises aux assurés qu'après la signature des polices et le payement de la prime, afin d'éviter, si elles étaient posées avant la conclusion de l'assurance, qu'on ne puisse en induire par erreur que la Compagnie est par ce seul fait même engagée.

Leur pose après la signature des polices et le payement de la prime.

CHAPITRE XIII.

Du recouvrement des primes.

215. — L'assurance ne peut avoir d'*effet* qu'après la signature de la police et le payement de la prime (*V.* art. 6 des *Conditions générales* de la police).

L'assuré doit donc payer *comptant* et d'*avance* la prime de première année si l'assurance est faite pour plusieurs années, ou celle de tout le temps à courir s'il contracte pour moins d'une année.

Si l'assurance est à *effet différé*, la prime, payable également d'*avance*, n'est cependant exigible qu'à l'époque où commence l'*effet*.

Les Directeurs ne doivent jamais recevoir d'*à-comptes* sur les primes.

Primes au comptant.

216. — Les primes des années suivantes se payent également d'*avance* chaque année sur une quittance signée par le Directeur d'arrondissement.

Primes à termes.

217. — Lorsqu'une assurance est faite pour une ou plusieurs années et une fraction d'année, la prime fractionnaire se paye *comptant* et d'*avance* avec celle de la première année.

Assurance où il entre une fraction d'année.

218. — Si un assuré, en souscrivant une police pour six années, paye par anticipation toutes les primes de son assurance, il lui est fait remise de la sixième année à titre d'escompte.

Escompte par anticipation.

219. — Lorsque la durée d'une assurance est moindre de six années, le payement anticipé de la totalité des primes ne donne lieu qu'à un escompte de 5 p. 0/0.

220. — La Compagnie n'escompte pas les primes au delà de six années.

Limite de l'escompte.

221. — Toute prime escomptée est acquise à la Compagnie (*V.* art. 8 des *Conditions générales* de la police), sauf les cas de résiliation ou de réduction provenant du fait de la Compagnie (*V.* art. 237 et 238).

Les primes escomptées ou payées sont acquises à la Compagnie. Cas d'exception.

222. — Aux termes de l'article 6 de la police, les primes annuelles sont payables au siége de la Direction d'arrondissement; néanmoins, pour en faciliter le recouvrement, la Compagnie recommande aux Directeurs de faire présenter les quittances aux débiteurs. Cette condescendance, toute favorable aux assu-

Les primes sont portables et non quérables.

rés, n'entraîne aucune renonciation de la part de la Compagnie aux dispositions des articles 6 et 7 des *Conditions générales* de la police.

223. — L'assuré qui n'a pas payé sa prime dans le délai convenu, ne peut réclamer aucune indemnité, s'il éprouve un incendie avant d'être libéré (*V.* art. 7 de la police).

Mais de ce que les effets de l'assurance se trouvent ainsi suspendus par le fait de l'assuré, il n'en résulte pas qu'il se trouve délié de ses engagements envers la Compagnie. La police est un contrat synallagmatique, qui ne peut être rompu que par la volonté des deux parties. La Compagnie s'est donc réservé, en pareil cas, la faculté de résilier l'assurance, ou d'en exiger la continuation en poursuivant l'assuré par toutes les voies de droit.

224. — Les Directeurs apporteront la plus grande exactitude dans le recouvrement des primes annuelles, que facilitera la tenue du *Carnet d'échéance* prescrit par l'art. **286** (*V.* Modèle n° 42); cette obligation leur est surtout imposée dans l'intérêt des assurés, qu'une fausse sécurité exposerait, en cas de sinistre, à la déchéance déterminée par l'article 7 de leur police; et aussi pour éviter à la Compagnie des demandes d'indemnités auxquelles elle serait forcée d'opposer un refus qui produit toujours dans le public un fâcheux effet.

225. — Lorsqu'une prime n'a pas été acquittée dans le délai convenu, le directeur examinera s'il y a lieu d'en attendre ou d'en poursuivre le payement, ou bien si elle n'est pas dans le cas d'être portée en *non-valeur.*

Les causes de *non-valeur* sont :

1°. L'extinction des risques par suite de sinistres, démolition, cessation de commerce, etc.;

2°. L'insolvabilité notoire des assurés;

3°. Des renseignements nouveaux ou plus exacts sur la nature des risques, l'exagération des valeurs assurées, la moralité douteuse ou l'état fâcheux des affaires de l'assuré, d'après lesquels il serait de l'intérêt de la Compagnie de profiter du non-payement de la prime pour se débarrasser d'un mauvais risque.

226. — Dans les deux premiers cas ci-dessus, il faut, autant que possible, stipuler la résiliation de l'assurance, de gré à gré avec l'assuré, au moyen d'un *avenant* (art. **184**).

Si quelque circonstance s'oppose à ce qu'il soit fait un *avenant*, le Directeur opèrera purement et simplement l'annulation de l'assurance sur ses registres

(*Voir* art. 300), et il aura soin d'en indiquer le motif à la colonne d'observations de son état mensuel d'*annulation* (art. 400).

227. — Dans le troisième cas, surtout s'il y a urgence, il faut faire notifier la résiliation par acte extra-judiciaire, immédiatement après le délai convenu (art. 7 de la police. — *Voir* Modèle n° 23, formule 2ᵉ). *(Signification de résiliation par huissier.)*

S'il n'y a pas danger imminent, le Directeur adressera à l'assuré une lettre de notification semblable à la formule 3ᵉ (Modèle n° 23), afin de l'amener, par persuasion, à souscrire cette annulation. Ce n'est qu'après le refus ou le silence de l'assuré, que le Directeur fera signifier la résiliation par voie d'huissier, conformément à la formule n° 2 (Modèle n° 23).

228. — Le payement des primes en retard, dont le recouvrement peut être opéré, doit être poursuivi par voie judiciaire. *(Poursuites contre les retardaires.)*

229. — Les poursuites contre les assurés retardataires doivent avoir lieu un mois, au plus tard, après l'expiration du délai de grâce. Elles sont précédées de TROIS *Avertissements* successifs (*V.* Modèle n° 22) envoyés par le Directeur de *quinzaine* en *quinzaine*. Ces Avertissements imprimés sont fournis par la Compagnie à chaque Direction. *(Délai de rigueur.)*

230. — Si, après le *troisième* avertissement, l'assuré ne se libère pas, il doit être cité, conformément à l'article 25 de la police, qui fait la loi des parties, devant le juge de paix du Canton où se trouve le siége de la Direction★. *(Juridiction.)*

231. — Les juges de paix décident *sans appel* jusqu'à la valeur de *Cent francs*, et à charge d'appel pour toutes les demandes excédant cette somme (*loi du* 6 *juin* 1838).

232. — Si le Directeur ne peut se transporter au chef-lieu de la justice de paix, ou du tribunal, il se fait suppléer par son Agent cantonnal ou par toute autre personne à qui il délègue les pouvoirs nécessaires. *(Le Directeur peut déléguer ses pouvoirs.)*

233. — Dans tous les actes relatifs aux poursuites pour payement de prime, et généralement dans toute procédure en matière d'assurances, il faut éviter le mot *Police*, et se borner à énoncer l'assurance sous le titre de *Conventions verbales*★★. *(Moyen d'éviter l'amende pour défaut de timbre de la police.)*

★ Si la Direction est établie dans une ville qui forme à elle seule plusieurs Cantons, le juge de paix compétent est celui du Canton où se trouve le domicile du Directeur.

★★ Les polices d'assurances sont soumises, par la loi du 22 frimaire an VII (art. 69, § 2), à un droit proportionnnel d'enregistrement de 50 centimes pour 100 francs, qui est perçu

Payement des primes en retard. Précautions.

234. — Lorsqu'un assuré retardataire viendra, de son propre mouvement, offrir le payement de sa prime, le Directeur, s'il ne croit pas devoir le refuser, datera la quittance du jour du payement.

Mutation de propriété.

235. — S'il est à la connaissance du Directeur qu'une propriété a changé de mains, il ne doit recevoir la prime offerte par le nouveau propriétaire, qu'après lui avoir, s'il y a lieu, transféré l'assurance par un *avenant* (art. 176 et suiv.).

Prime d'une autre direction.

236. — Il est interdit à un Directeur de recevoir aucune prime pour des assurances appartenant à une autre Direction, à moins qu'il n'y ait été autorisé par le titulaire ou par la Compagnie, et cela pour éviter toute surprise en cas d'incendie (*V.* art. 373 et 374).

Ristorne.

237. — En principe, toute prime payée est acquise à la Compagnie (article 221).

Néanmoins, il y a lieu à *ristorne* lorsque la Compagnie consent des réductions ou les exige, selon les circonstances.

On entend par *ristorne* la restitution du montant intégral ou partiel des primes ou commissions perçues par anticipation sur les assurances.

238. — Toute résiliation consentie amiablement par l'assuré peut également être sujette à *ristorne*.

Dans ce cas, on rembourse à l'assuré le prorata de la prime payée par anticipation.

Responsabilité des Directeurs.

239. — Les Directeurs sont définitivement débités :

1° De toutes les primes au comptant qu'ils n'auront pas portées en annulation dans un délai de deux mois après la date de la police (*V.* art. 394) ;

2° De toutes primes échues pour lesquelles ils ne justifieront pas de l'exécution des mesures prescrites contre les retardataires par les articles 229 et 230 ci-dessus.

CHAPITRE XIV.

Des Sinistres.

Les Directeurs doivent se transporter sur les lieux de l'incendie.

240. — Au premier avis d'un incendie qui aurait déjà frappé, ou qui menacerait les intérêts de la Compagnie, au siége d'une Direction ou dans ses limites,

---

sur le montant des primes. La disposition de la loi précitée ne s'applique, à la vérité, qu'à l'assurance maritime ; mais on doit l'étendre, par analogie, aux assurances terrestres contre l'incendie, la grêle, etc., etc., qui n'étaient pas encore en usage en France lors de la promulgation de la loi du 22 frimaire an VII.

les Directeurs devront, à moins d'empêchements graves, se transporter im*médiatement* sur le lieu de l'événement.

Si l'assurance avait été souscrite à Paris au siége de la Compagnie ou dans une autre Direction que celle où est survenu le sinistre, le titulaire de cette dernière Direction, informé de l'événement, se rendrait sur les lieux pour les mesures conservatoires à prendre, et aviserait immédiatement du fait la Direction générale (*V.* art. 254).

241. — Ils concourront de tout leur pouvoir à arrêter les progrès de l'incendie, en provoquant vivement les secours; en veillant à ce qu'ils soient dirigés avec intelligence et efficacité, en excitant et en stimulant le zèle et l'activité des habitants et des pompiers auxquels la Compagnie accorde une gratification quand elle en trouve la proposition suffisamment justifiée. Secours.

242. — Ils surveilleront avec soin les déplacements de marchandises et d'objets mobiliers, afin d'en empêcher la soustraction et de prévenir les fraudes; ils recueilleront tous les renseignements qu'ils pourront se procurer sur les causes du sinistre, sur l'existence et la valeur des objets détruits ou endommagés. Conservation du sauvetage.

243. — Ils auront soin de s'abstenir de toutes démarches ou actes, desquels on pourrait induire que la Compagnie renonce à ses droits, si l'assuré se trouvait dans un cas de nullité par suite du non-payement de la prime ou par une ou plusieurs des autres circonstances entraînant la déchéance (*V.* art. 261); on devra faire les réserves les plus expresses à cet égard. Précautions à prendre lorsque l'assuré n'est point en règle.

244. — Si, durant un incendie, la démolition d'une maison assurée par la Compagnie était ordonnée pour préserver d'autres maisons non assurées, les Directeurs chercheraient par leurs représentations à empêcher ou à faire différer l'exécution de cet ordre; au besoin, ils feraient toutes protestations par acte extra-judiciaire, pendant ou après l'incendie, dans le cas où ils reconnaîtraient qu'il n'y a pas nécessité absolue d'exécuter cette mesure. Démolitions autorisées par l'autorité.

245. — Si, au contraire, pour empêcher la communication du feu à un ou plusieurs bâtiments assurés par la Compagnie, il y a lieu d'abattre un bâtiment, assuré ou non, les Directeurs solliciteront l'autorité pour qu'elle ordonne cette mesure, et ils en presseront l'exécution autant que possible; mais ils ne prendront pas eux-mêmes l'initiative et ne signeront aucun acte d'adhésion à cet égard. *Idem.*

246. — Lorsque le sinistre s'est manifesté sur des points éloignés du siége de la Direction, les Agents cantonnaux remplacent les Directeurs dans les soins Les directeurs sont remplacés par leurs agents.

de surveillance prescrits par les articles 240 à 245 ; mais il leur est encore plus expressément interdit qu'aux Directeurs de faire ou de signer aucun acte dont on puisse tirer le prétexte que la Compagnie a reconnu implicitement les droits de l'assuré à une indemnité.

L'intervention des Agents est provisoire.

247. — L'intervention de ces Agents ne peut d'ailleurs être que provisoire ; les Directeurs doivent eux-mêmes se rendre sur les lieux aussitôt que l'avis du sinistre leur est parvenu, et autant que cela leur sera possible.

Premier avis de sinistre à donner à la Compagnie.

248. — L'avis du sinistre sera transmis immédiatement, et avec la plus grande célérité, à la Direction générale.

Lettre spéciale.

249. — Cette notification sera faite par une lettre spéciale conforme au modèle nº 24 et dont chaque Direction est toujours munie. Bien que les Directeurs ne puissent satisfaire à toutes les questions indiquées en marge de ladite lettre, ils ne doivent nullement en différer l'envoi, ni négliger d'indiquer approximativement, ainsi qu'il y est prescrit, l'importance du Sinistre.

250. — Si le *triplicata* de la police frappée de sinistre n'a pas encore été envoyé à la Compagnie (art. 435), il faut le joindre à cette première lettre d'avis, Modèle nº 24.

251. — Dans le cas où l'assurance se trouverait partagée entre plusieurs Compagnies, il faudrait en faire mention dans ce premier avis.

Rapports spéciaux.

252. — Les avis et les rapports à la Compagnie concernant toutes les suites du sinistre, ne se traitent point par la correspondance ordinaire, mais par l'envoi de feuilles particulières (Modèle nº 25), destinées à être classées séparément dans les dossiers de sinistres.

253. — Ces avis et ces feuilles ne doivent jamais traiter (si ce n'est pour prendre des mesures conservatoires) d'aucune autre affaire.

Règlements de sinistres interdits aux Directeurs.

254. — Il est interdit aux Directeurs de s'immiscer dans le règlement des sinistres survenus hors des limites de leur Direction (si ce n'est pour prendre des mesures conservatoires), à moins qu'ils n'aient souscrit l'assurance en vertu de l'article 62 des présentes Instructions, ou qu'ils n'aient reçu mission *ad hoc*, de la Direction générale (*V.* art. 240).

Avis spécial pour chaque sinistre.

255. — Si l'incendie a frappé plusieurs propriétés assurées par la Compagnie à diverses personnes, il y a lieu d'adresser d'abord un avis séparé et de faire ensuite un rapport spécial pour chaque sinistre, à moins que les circonstances qui s'y rattachent ne présentent entre elles une uniformité complète.

Avis à donner aux inspecteurs.

256. — Si le Directeur est informé de la présence d'un des Inspecteurs de la Compagnie dans le voisinage, il avise immédiatement cet Inspecteur du sinistre survenu, pour qu'il puisse se transporter sur les lieux.

257. — Lorsque l'incendie le permettra, on s'occupera du sauvetage. Pour les bâtiments, on s'entendra avec l'assuré, à l'effet de prévenir les nouvelles dégradations que les suites de l'incendie ou le mauvais temps pourraient occasionner, et, au besoin, on provoquera de l'autorité locale les mesures conservatoires nécessaires.

258. — S'il s'agit d'objets mobiliers, marchandises ou produits de récoltes, on séparera les objets sains et intacts de ceux dont l'avarie pourrait se communiquer, et l'on prendra les mesures nécessaires pour prévenir les détériorations ultérieures.

Enfin, de concert avec l'assuré, les Directeurs pourront, au besoin, et si l'importance du sauvetage le réclame, établir et salarier des gardiens jusqu'au moment de l'expertise, ou faire déposer avec soin ce sauvetage en lieu sûr.

259. — Lorsque le sinistre aura frappé les marchandises d'un commerçant tenant des livres, les Directeurs demanderont immédiatement la représentation, de ces livres, et ils les parapheront ou les feront parapher par l'autorité. Ils en réclameront officieusement le dépôt chez un notaire, ou chez le Maire de la Commune.

260. — Les Directeurs peuvent régler à l'amiable avec les assurés, les dommages d'incendie qui ne s'élèvent pas à plus de 300 fr.; mais le réglement ne devient définitif qu'après l'approbation de la Direction générale.

De 300 fr. jusqu'à 1500 fr., ils pourront, après avoir préalablement donné avis de l'événement à l'Administration, être autorisés à procéder à une expertise contradictoire pour le règlement des pertes; mais, dans ce cas, ils doivent, sous peine de compromettre leur responsabilité, attendre les instructions qui leur seront données par la Compagnie, suivant les circonstances particulières du sinistre.

261. — Avant de régler les sinistres, à l'amiable ou autrement, il importe d'examiner si l'assuré n'a pas encouru de déchéance, par suite de contravention aux conditions de la police.

Les cas de nullité ou de déchéance sont :

1°. et avant tout, le non-payement, avant le sinistre, de la prime échue.

2°. Les réticences ou fausses déclarations de la part de l'assuré, constituant une dissimulation du risque (art. 9 de la police), notamment en ce qui concerne le genre de construction et de couverture des bâtiments assurés, leur situation respective, les marchandises hasardeuses qu'ils contiennent ou les professions dangereuses qui y sont exercées, ainsi que les risques de voisinage ;

3°. La fausse qualité qu'aurait prise une personne pour contracter l'assurance (art. 5 de la police) ;

4°. Les divers cas de suspension du contrat énoncées à l'article 8 de la police, par suite de changement de possesseur ou d'administrateur de l'objet assuré ;

5°. Les changements de construction, qui multiplient ou augmentent les risques (art. 10 de la police) ;

6°. L'établissement dans les lieux de l'assurance, ou dans ceux contigus ou dépendant de la même propriété, d'une fabrique, d'une machine à vapeur, d'une profession ou manipulation augmentant les dangers du feu (art. 10 de la police) ;

7°. L'introduction de denrées, de marchandises ou d'objets quelconques qui aggravent les chances d'incendie (art. 10 de la police) ;

8°. Le transport des objets assurés dans d'autres lieux que ceux désignés dans la police (art. 10 de la police) ;

9°. Le transfert des risques locatifs ou des recours des voisins, d'un lieu dans un autre (art. 10 de la police) ;

10°. La construction de bâtiments couverts en bois ou en chaume, ou l'établissement d'un théâtre, d'une fabrique ou d'une usine quelconque, dans une propriété contiguë à celle assurée (art. 10 de la police) ;

11°. Les assurances faites par d'autres assureurs ou sociétés mutuelles, avant ou depuis la police du *Dragon* (art. 11 de la police).

262. — On doit examiner, en outre, avec attention :

1°. Si les droits de l'assuré sur les objets incendiés sont positifs, s'ils sont entiers, c'est-à-dire s'il n'en serait pas, seulement, ou propriétaire par indivis, ou nu-propriétaire, ou usufruitier, ou dépositaire ;

2°. S'il n'y a pas lieu d'exercer un recours contre les locataires de la maison incendiée, en vertu des articles 1733 et 1734 du Code civil, ou bien aux termes des articles 1382, 1383 et 1384; soit contre les propriétaires ou locataires des maisons voisines, par lesquelles le feu se serait communiqué ;

Soit contre les co-locataires ou d'autres personnes ;

Soit enfin, contre l'assuré lui-même, s'il se trouve dans les deux cas suivants :

A. Lorsque, n'étant point garanti par la Compagnie contre le recours des voisins, le feu, commencé chez lui, a causé la perte d'objets appartenant à d'autres assurés de la Compagnie ;

B. Lorsqu'étant locataire, et n'ayant fait assurer par la Compagnie que son mobilier ou ses marchandises, l'incendie, aussi commencé chez lui, a causé à la maison des dommages que la Compagnie doit rembourser au propriétaire assuré par elle.

263. — Si les personnes contre lesquelles il y aurait un recours à exercer étaient elles-mêmes assurées par une autre Compagnie, et si elles ne présentaient pas une solvabilité suffisante, on s'empresserait de faire notifier une saisie-arrêt entre les mains de l'Agent souscripteur de l'assurance, en ayant soin d'en prévenir sur-le-champ la Direction du *Dragon*.

264. — Lorsqu'un incendie a lieu dans une maison non assurée par la Compagnie au propriétaire, mais dans laquelle elle a garanti des risques locatifs, il importe de vérifier avec le plus grand soin si le feu n'a pas été communiqué par une maison voisine, s'il ne provient pas d'un vice de construction, ou s'il n'a pas été occasionné par une cause fortuite ; dans ces divers cas, on s'abstiendra strictement de tous les actes susceptibles d'engager la responsabilité de la Compagnie, et l'on en préviendra sur-le-champ la Direction générale.

265. — On devra également s'abstenir de tous actes quelconques avant d'avoir reçu les instructions de la Compagnie, lorsque, par suite de l'incendie des objets assurés par elle, les propriétaires ou locataires voisins auraient éprouvé des dommages.

266. — La déclaration d'incendie doit, aux termes de l'article 15 de la police, être faite au juge de paix du Canton. Copie de cette déclaration sera envoyée à la Direction générale, soit avec le premier avis du sinistre (modèle n° 24), soit avec le rapport, modèle n° 25 (art. 249 et 252).

Lorsque l'assuré n'aura pas fait cette déclaration dans le délai fixé par ledit article 15, le Directeur en informera immédiatement la Compagnie.

267. — Indépendamment de la déclaration prescrite, l'assuré doit, aux termes du même article 15 de la police, fournir à la Compagnie un état détaillé de ses pertes ; le Directeur veillera à ce que cette obligation soit remplie ; il aura soin également d'avertir l'assuré qu'il est de son intérêt d'être sincère, et lui rappellera (surtout si sa moralité est douteuse) les dispositions du 3e § de l'article 18 des conditions générales de la police, concernant les déclarations entachées de fausseté, d'exagération et de dissimulation. Les Directeurs communiqueront confidentiellement à la Direction générale tous les soupçons qu'ils pourraient concevoir à cet égard.

Présomptions d'incendie volontaire. Action du ministère public.

268. — Si des circonstances quelconques tendent à faire croire ou suspecter que l'assuré est l'auteur de l'incendie, et si les informations recueillies à ce sujet équivalent à une presque-certitude, les Directeurs s'adresseront au procureur du roi, et, sans se porter partie plaignante, ni partie civile, ils l'engageront à poursuivre d'office, en lui communiquant officieusement les faits ou indices parvenus à leur connaissance.

269. — Dans le cas où le ministère public ferait une enquête et poursuivrait d'office, on tiendra la Compagnie au courant des progrès de l'instruction, afin qu'elle prenne le parti que les circonstances pourront lui suggérer.

270. — Si, au contraire, le ministère public négligeait de poursuivre, alors même que la culpabilité de l'assuré paraîtrait évidente, on prendrait les ordres de la Compagnie, qui déciderait si elle doit former une plainte en justice, et s'il y a lieu de se porter partie civile.

Expertise à faire en cas de détention de l'assuré.

271. — En cas d'arrestation de l'assuré, il y aurait lieu de réclamer également les instructions de la Compagnie; car elle pourrait alors avoir intérêt à faire procéder à l'expertise, enfin d'éviter, en cas d'acquittement, les conséquences des dégâts qui auraient pu survenir pendant la durée de la détention, si la Compagnie était tenue au remboursement de l'indemnité par suite du renvoi ou de l'acquittement de l'assuré.

Incendie par malveillance étrangère.

272. — Si l'incendie était attribué à la malveillance d'une personne étrangère, les Directeurs feraient connaître à la Direction générale le degré de solvabilité que pourrait présenter l'auteur présumé du crime.

Mission des Directeurs dans les sinistres dont le règlement est réservé à la Compagnie.

273. — En tout ce qui concerne les sinistres dépassant 300 fr., les directeurs ne doivent jamais perdre de vue qu'ils sont de simples intermédiaires entre les assurés et la Compagnie, et qu'ils n'ont point caractère pour statuer (*V.* art. 260.)

274. — Ils s'abstiendront en conséquence d'approuver ou de signer toute nomination d'experts, ou toute espèce de transaction, avant d'en avoir obtenu l'autorisation formelle de la Direction générale, celle-ci se réservant de fournir aux Directeurs toutes les instructions particulières propres à diriger les expertises, chaque fois qu'elle jugera convenable de confier à ces mandataires le règlement des sinistres.

Payement des sinistres.

275. — Le règlement fait, tout payement des dommages résultant des sinistres s'effectuera, soit au moyen des fonds que le Directeur possèdera en caisse, soit par la remise à l'assuré d'un mandat tiré sur la Compagnie, soit en espèces que celle-ci enverra par les *Messageries*.

276. — Contre ce payement, le Directeur exigera une quittance *faite en double sur papier timbré* (Modèle n° 29), et légalisée par le maire de la résidence de l'assuré : un des doubles sera transmis à la Direction générale, et l'autre restera aux archives de la Direction.

Quittances pour sinistres.

277. — Cette quittance portera (conformément au Modèle n° 29) la subrogation en faveur de la Compagnie, de tous droits, recours et actions de l'assuré envers qui il appartiendra; elle mentionnera, en outre, le mode de payement en un *bon*, en un *mandat* ou en *espèces*.

Le payement des indemnités provenant de l'assurance des *risques locatifs* et du *recours des voisins*, sera fait au propriétaire ou aux voisins, dans la forme prescrite par l'article 276 et le premier § du présent article.

278. — Les sinistres de roulage et ceux des marchandises assurées pour compte de tierces personnes, seront payés aux propriétaires des objets détruits, sur quittances conformes aux prescriptions des articles 276 et du 1er § de l'article 277.

Payement de dommages à des personnes tierces.

279. — Dans les cas prévus par l'article précédent et le 2e § de l'article 277, l'assuré intervient dans la quittance pour déclarer qu'au moyen du payement fait à ses ayants droit, par la Compagnie, il la tient quitte et libérée de toutes choses relatives à son assurance.

Intervention de l'assuré.

280. — Si l'assuré ne sait ou ne peut signer, il devra délivrer à ses frais une quittance par-devant notaire, ou donner procuration notariée à un tiers de recevoir et de signer pour lui. Cette procuration contiendra pouvoir de réitérer la subrogation stipulée par l'article 24 de la police (*V.* le Modèle n° 30). Copie de la procuration notariée sera remise au Directeur.

Assurés illettrés. Quittance notariée.

281. — Si, avant l'incendie, il avait été fait des saisies-arrêts entre les mains du Directeur, ou si celui-ci avait reçu postérieurement des oppositions, il ne devrait effectuer aucun payement *ni en totalité, ni en partie*, qu'après autorisation de la Compagnie (*V.* art. 448).

Saisies-arrêts. Oppositions.

282. — Aussitôt que le payement d'un sinistre aura été effectué, les Directeurs enverront à la Compagnie un bordereau de payement (Modèle n° 31) comprenant le principal et les accessoires, les gratifications autorisées, etc.; à cet état devront être jointes les diverses quittances; les Directeurs ne seront crédités des payements *qu'après réception de ces pièces* par la Direction générale. Ils en feront figurer le montant dans leur plus prochain bordereau de caisse (*V.* art. 405).

Bordereau de payement de sinistre.

Résiliation de la police par suite d'incendie.

283. — Dans le cas où les circonstances qui ont précédé ou suivi l'incendie seraient de nature à exiger la résiliation de l'assurance dont la Compagnie s'est réservée le droit par l'article 23 de la police, le Directeur déciderait s'il y a lieu de continuer l'assurance ou de l'annuler.

284. — S'il s'arrête à ce dernier parti, le Directeur résiliera la police soit par *avenant* (art. 184), soit en mentionnant la résiliation dans la quittance (*V.* art. 300).

Prescription.

285. — Toute action en payement de sinistres se prescrivant par six mois, les Directeurs n'auront aucun égard aux réclamations des incendiés, qui, dans ce délai, ne se seraient pas mis en mesure de se faire indemniser.

CHAPITRE XV.

De la Comptabilité.

Généralités.

286. — Les Directeurs d'arrondissement tiendront trois registres principaux, savoir :

1°. Un *Livre d'inscription* ou *Journal d'assurances* (Modèle n° 32).

2°. Un *Livre des annulations, résiliations et extinctions* (Modèle n° 33).

3°. Un *Livre de caisse* (Modèle n° 34) dûment coté et paraphé, ainsi qu'il est prescrit art. 359.

Le Livre des *Inscriptions* et celui des *Annulations* sont réunis en un *seul* registre, mais ils forment *deux parties* bien distinctes.

Dans la *première partie* on inscrit les polices souscrites, et dans la *seconde* on porte les annulations, les résiliations et les extinctions.

Le Livre de caisse est divisé par nature de recettes et par nature de dépenses, ou *Doit et Avoir*.

Chaque mois, les Directeurs sont tenus d'adresser à l'Administration, sur des bordereaux imprimés, un Extrait de ces registres (*Voir* les Modèles 35 à 41 et les art. 390 à 432.)

Les Directeurs tiendront, en outre, un *Carnet d'Échéances*, conforme au Modèle n° 42.

De l'inscription au Journal.

287. — Les Directeurs inscriront immédiatement sur la première partie de leur Journal, même avant la signature de l'assuré, toutes les polices souscrites par eux. S'il s'agit d'une assurance personnelle (art. 49), ils devront également inscrire leur police avant de l'adresser à la Direction générale.

Toutes les polices doivent être inscrites complétement.

288. — L'inscription d'une police dans quelque cas qu'elle se trouve (art. 291 à 299) aura toujours lieu d'une manière complète, c'est-à-dire qu'on portera dans chaque colonne du Journal (art. 327 et suivants) toutes les indications correspondantes de la police; en outre, on inscrira immédiatement le montant de chaque prime annuelle dans les colonnes à ce destinées; et autant de fois que l'assurance aura d'années à courir (art. 338 à 341).

289. — Cette inscription aura toujours lieu en une seule ligne, et de manière que les polices se suivent, sans interversion, par ordre de dates et de numéros. La série commencera au n° 1, et continuera sans interruption ni répétition, et sans numéros *bis* (art. 327). *(La série des numéros doit se suivre sans interruption.)*

290. — L'inscription au Journal une fois faite conformément aux règles qui vont être développées, ne doit jamais changer, quelles que soient les modifications qui surviennent, sauf le cas de *Rectification* (*V.* art. 383).

291. — Pour l'inscription régulière des assurances les plus ordinaires, celles dont la police n'a ni durée *fractionnaire*, ni année *gratuite*, et dont l'*effet* est *immédiat* et la prime payée comptant, il suffit de se conformer au titre des diverses colonnes de la première partie du Journal d'assurances (art. 327 à 344). *(Assurances simples à effet immédiat.)*

292. — Si la police, au lieu d'avoir un *effet immédiat*, avait un *effet différé*, elle n'en devrait pas moins être inscrite immédiatement à la première partie du Journal, à sa date et à son numéro d'ordre (*V.* art. 309 à 312). *(Assurances à effet différé.)*

293. — Les assurances proposées en augmentation de valeurs, déjà assurées par la Compagnie, doivent être souscrites par une police *supplémentaire*, sans donner lieu à l'annulation de la police *primitive* (art. 177), et leur inscription au Journal ne doit différer en rien de celle des assurances ordinaires (art. 306 à 312). Cette inscription ne comprendra que les valeurs assurées et la prime établie par la police supplémentaire, en tête de laquelle il faut avoir soin d'écrire : *Supplément à la police* N°..... Cette indication doit être répétée à la colonne d'observations du Journal. *(Assurances supplémentaires.)*

294. — S'il survient des modifications du capital assuré sans modification de la prime, ou des modifications de la prime sans changement du capital assuré, ou enfin des diminutions qui affectent le capital et la prime (art. 177), il faut nécessairement annuler la police primitive et en faire une nouvelle constatant les changements survenus. Cette police nouvelle doit être inscrite au Journal sous un nouveau numéro d'ordre et d'après le mode prescrit pour le cas dans lequel elle se trouvera (*V.* art. 306 à 312). Elle portera en tête cette mention : *Remplacement de la police* N°....., laquelle mention sera reproduite à la colonne d'observations du Journal. *(Polices de remplacement.)*

Dans ce cas, l'ancienne police sera résiliée et inscrite à la *deuxième partie* du Journal relative aux *Annulations* (art. 345 à 358).

Polices de renouvellement.

295. — Les polices de *renouvellement* (art. 186 et suivants) seront inscrites au Journal avec un numéro d'ordre nouveau, immédiatement après leur confection, comme les assurances simples (art. 291).

Cette règle est invariable, que le renouvellement ait lieu au moment de l'expiration de la police ancienne, ou avant ce terme. L'inscription s'effectuera conformément aux articles 306 à 312, selon le cas dans lequel se trouvera la police nouvelle, en tête de laquelle sera mentionnée cette indication : *Renouvellement de la police N°....,* qu'on répétera à la colonne d'observations du Journal.

Assurances par reprises.

296. — Les polices souscrites en *reprise* sur une autre Compagnie (art. 193 et suivants) seront inscrites immédiatement sur le Journal, comme les assurances simples, en se conformant aux règles tracées par les articles 306 à 312. L'inscription comprendra la totalité des valeurs assurées, et le montant total des primes auxquelles elles donnent droit.

297. — Dans le cas de *reprise* prévu par l'article précédent, le Directeur portera à la colonne d'observations de son Journal les indications suffisantes (*V.* art. 344) pour être à même de dresser l'état n° 5 (Modèle n° 39) qui doit être transmis à la Direction générale.

298. — Le Directeur, après s'être conformé à l'article 201, et avoir reçu la réponse de la Compagnie sur laquelle la *reprise* a été opérée, indiquera, à la colonne d'observations de son Journal, si cette Compagnie continue son assurance ou si elle la résilie.

Dans le premier cas, il payera tous les ans à échéance, avec la plus scrupuleuse exactitude, la prime due à la Compagnie dont il a repris l'assurance (art. 320).

Dans le second cas, au contraire, il n'y aura plus rien à payer à ladite Compagnie, et les primes stipulées dans la police de reprise seront acquises en totalité au *Dragon.*

Assurances en supplément à d'autres Compagnies.

299. — Les assurances souscrites en augmentation aux polices d'autres Compagnies (art. 103) devront être inscrites au Journal comme des assurances ordinaires (art. 306 à 312).

Des annulations, résiliations et extinctions.

300. — Toute police inscrite à la *première partie* du Journal, et qui cesse de suivre son *effet,* par un motif quelconque, doit être transportée à la *deuxième partie,* par ordre de date et de numéro, sans interversion (art. 345 et 349).

Annulation avant effet.

301. — S'il arrivait que l'assuré refusât de signer sa police, qui doit avoir été inscrite conformément à l'article 287, même avant la signature, le Directeur devrait inscrire cette police, devenue sans effet, à la *deuxième partie* de son Journal, conformément à l'inscription de la *première partie,* afin de l'annuler en totalité (*V.* art. 394).

On inscrirait de la même manière toute police que le Directeur croirait devoir *annuler* avant qu'aucune prime eût été payée par l'assuré.

302. — Si, malgré une première prime reçue comptant, la Compagnie voulait résilier immédiatement une police, soit pour cause de risque trop dangereux, soit pour fausse application du tarif ou pour tout autre motif, il faudrait l'annuler, absolument comme une police *avant effet*, et porter en dépense, au Livre de caisse, le remboursement qu'on serait obligé de faire à l'assuré.

303. — Quand, après l'acquittement d'une ou plusieurs primes, on devra résilier une assurance, le Directeur inscrira la police résiliée à la *deuxième partie* du Journal, en ayant soin d'indiquer pour première prime annulée, celle échue ou à échoir non payée, qui se trouve être la première de celles auxquelles la Compagnie renonce, ou cesse d'avoir droit.

[Résiliation après effet.]

304. — Si, pour annuler ou résilier une police, on avait obtenu une prime d'indemnité, on devrait néanmoins faire l'inscription à la deuxième partie du Journal, conformément aux prescriptions de l'article 303 ci-desssus, sans aucune modification relativement à la première prime annulée (art. 317 et 318).

[Résiliation avec indemnité.]

La prime d'indemnité sera immédiatement portée en recette au Livre de caisse, pour figurer plus tard à l'état n° 4 (Modèle n° 38), (art. 416).

305. — Quand une police est éteinte, c'est-à-dire qu'elle est arrivée au terme de son expiration, elle doit être inscrite à la *deuxième partie* du Journal, afin d'annuler la valeur assurée ; il est bien entendu que, dans ce cas, il n'y a de prime à porter dans aucune colonne.

[Extinctions.]

Des diverses Primes, des Plaques et des Polices.

306. — Toute police dont l'effet est *immédiat* donne droit à l'encaissement de la prime de la première année, qui doit être payée comptant par l'assuré, lorsqu'il signera la police.

[Primes de première année, au comptant.]

Dans ce cas, il faut faire figurer le montant de la prime encaissée dans la colonne 17 du Journal, et la porter en outre au Livre de caisse.

307. — Si la police avait à courir un nombre rompu de mois et de jours, en sus des années, et que l'assuré ne payât que la fraction d'année, la prime représentant cette fraction devrait seule figurer dans la colonne 17 du Journal, et la prime de l'année suivante serait portée, suivant le cas, dans les colonnes 19 ou 20 (art. 340 et 341).

[Primes fractionnaires.]

Si l'assuré, outre la fraction d'année, payait en même temps la prime de l'année suivante (art. 217), ce serait le cas d'une prime payée par anticipation (art. 314).

Primes au comptant non acquittées.

308. — Si l'assuré ne payait pas sa prime, en signant une police à *effet immédiat*, l'*effet* en resterait suspendu à son égard, par suite de l'article 6 de la police; mais la prime n'en serait pas moins une prime de première année au comptant : seulement on en porterait le montant dans la colonne 18 du Journal, comme n'étant pas encaissée.

Primes de première année, à effet différé.

309. — La prime d'une police dont l'*effet*, quoique *différé*, aurait cependant son cours dans le mois même de sa souscription, serait considérée comme prime de première année au comptant, et inscrite au Journal, dans les colonnes 17 ou 18, suivant le cas, conformément aux articles 306 et 308 ci-dessus.

310. — Quand la police est souscrite à un *effet différé*, plus ou moins éloigné, il n'y a rien à porter dans les colonnes 17 et 18; la première prime doit être inscrite dans la colonne 19, si l'*effet* de la police a lieu dans l'année même de sa souscription; s'il n'avait lieu que dans l'année suivante, la première prime devrait figurer dans la colonne 20, et ainsi de suite.

Enfin, chaque prime doit être inscrite au Journal, dans la colonne dont le millésime correspond à l'année de son échéance (art. 340).

Primes à termes ou à échoir.

311. — Les primes à terme ou à échoir sont celles qui suivent la prime de première année; elles se continuent d'année en année, jusqu'à l'expiration de la police. On les inscrit au Journal, dans les colonnes 19 à 28, et sous le millésime qui correspond à leur échéance (art. 340 et 341).

La première prime d'une police à *effet différé* est aussi considérée comme prime à terme ou à échoir.

312. — En thèse générale, l'échéance d'une prime à terme est toujours à la même date que celle de l'*effet* de la police; mais si, par exception, elle en différait, il faudrait noter l'échéance à la colonne d'observations.

Primes de renouvellement.

313. — Les primes de renouvellement proviennent des assurances dont il est parlé à l'article 295; on les inscrit, suivant le cas, conformément aux prescriptions des articles 306 à 312.

Primes payées par anticipation.

314. — Le payement anticipé d'une prime différée ou à terme ne peut en rien modifier l'inscription des primes telle qu'elle est prescrite aux articles 306 et suivants (art. 290).

315. — Le Directeur doit consigner sans retard l'encaissement de cette prime sur son Livre de caisse, et porter à la colonne d'observations de son Journal l'indication des primes payées par anticipation.

316. — Quel que soit le nombre des primes payées à l'avance (art. 217 et

218), elles ont dû être préalablement inscrites comme primes *à échoir;* mais, sur le Livre de caisse, elles doivent être considérées comme primes *échues* encaissées, pour être reproduites comme telles sur l'état n° 4 (Modèle n° 38), (art. 415).

317. — On considère comme prime d'indemnité, la prime payée par un assuré pour consentir à la résiliation de sa police; mais, pour être *prime d'indemnité,* il faut qu'elle soit en sus des primes échues, et qu'elle soit donnée pour un laps de temps pendant lequel la police ne garantit plus aucun risque. *Primes d'indemnité.*

318. — Si un assuré devait une ou plusieurs primes, et qu'il consentît à les payer à la seule condition qu'on résilierait sa police, on devrait considérer ces primes comme primes à terme échues et acquittées. On ne doit regarder comme primes d'indemnité que celles payées en sus des primes déjà exigibles, et lorsque, malgré l'acquittement de la prime, la police a néanmoins cessé son *effet.*

319. — Ces sortes de primes étant imprévues et ne figurant pas au Journal, on les portera immédiatement en recettes au Livre de caisse (art. 304), et plus tard à l'état n° 4 (Modèle n° 38), art. 416.

320. — Les *primes de reprises* sont celles que *le Dragon* s'engage à payer à d'autres Compagnies, lorsqu'il reprend sur elles une assurance (art. 296). Dans le cas prévu par le § 2 de l'article 298, il n'y a rien à porter au Journal, mais on inscrit en dépense, au Livre de caisse, le montant de la prime payée. *Primes de reprises.*

321. — Les primes dues par l'assuré à la Compagnie, dans les assurances par reprises, ne sauraient être considérées comme *primes de reprises,* car elles rentrent toujours dans l'une des classes établies aux articles 306 et suivants.

322. — Il convient de classer dans les primes *annulées* ou *résiliées,* toutes celles qui, ayant été inscrites à la *première partie* du Journal, sont plus tard devenues *sans effet.* Elles seront transportées à la *deuxième partie* du Journal, dans la colonne afférente à leur échéance et conformément à ce qui a été dit plus haut, articles 300 et suivants (*V.* art. 354 à 357). *Primes annulées.*

323. — Le montant de la plaque et de la police, dans une assurance à *effet immédiat* ou à *effet différé,* devra toujours être payé en même temps que celui de la prime. Si on avait accordé un délai pour le payement d'une prime au comptant, on devrait également le faire pour le payement de la police et de la plaque; mais la remise de cette dernière serait différée jusqu'à parfait paye-ment, conformément à l'article 214. *Des plaques et des polices.*

Inscription des plaques

324. — Le nombre des plaques remises à un assuré, doit être indiqué, suivant qu'elles sont *grandes* ou *petites*, dans les colonnes 11 ou 12 du Journal ; on en portera le prix dans la colonne 13, si elles ont été payées comptant, et dans la colonne 14, si le payement en a été différé (art. 336).

Plaques délivrées gratis.

325. — Le nombre des plaques que l'Administration a autorisé à délivrer *gratuitement* sera indiqué dans la colonne 11 ou 12, suivant le cas ; on mettra alors des *guillemets* [»], au lieu de prix, dans les colonnes 13 et 14.

Inscription du prix des polices.

326. — Quand le prix de la police aura été payé comptant par l'assuré, le Directeur en inscrira le montant dans la colonne 15 de son Journal ; il le porterait dans la colonne 16, si le payement avait été *différé*.

Emploi des colonnes du Journal d'Assurances.

PREMIÈRE PARTIE. *Livre d'Inscription* (Modèle n° 32).

N^{os} d'ordre.

327. — Col. 1. Cette colonne est destinée à recevoir le numéro des polices, conformément aux prescriptions de l'article 289.

Date de la souscription.

328. — Col. 2. Cette colonne doit indiquer la date du jour où l'on fait la police ; cette date sera conforme à celle que porte la police.

Date de l'effet.

329. — Col. 3. Cette colonne énoncera la date de l'*effet* de la police.

Date de l'expiration.

330. — Col. 4. Cette colonne doit indiquer la date où la police expirera, le jour où elle cessera d'avoir son *effet*, l'époque enfin où la Compagnie ne courra plus aucune chance relativement à l'assurance.

Durée de l'assurance.

331. — Col. 5, 6, 7. On doit indiquer en chiffres, dans ces colonnes, pour combien de temps est faite l'assurance, en années, mois et jours, s'il y a lieu, depuis le premier jour de l'*effet* de la police jusqu'à la date de son expiration.

Nom, prénoms, qualités et demeures des assurés.

332. — Col. 8. Dans cette colonne, on mettra d'abord en caractères saillants le nom de l'assuré ; on le fera suivre de ses prénoms, qu'on peut mettre au besoin par abréviation ; on ajoutera sa qualité et sa demeure. Si la largeur de la colonne ne suffisait pas, on pourrait doubler la ligne, mais sans empiéter sur la ligne inférieure.

Situation du risque.

333. — Col. 9. Cette colonne doit indiquer le lieu où est situé l'objet assuré. Si une même police assure des objets situés dans diverses localités, il faudra les énumérer toutes, sans pour cela consacrer plus d'une ligne à l'inscription (art. 289).

Valeurs assurées.

334. — Col. 10. Il faut mettre dans cette colonne le montant total de la valeur assurée par la police. On ne doit pas détailler, dans l'inscription de la même police, la valeur relative à chaque nature d'objet assuré ou à chacune des diverses localités.

335. — Col. 11, 12. Le nombre de plaques remises à un assuré figurera dans la colonne 11 ou 12, suivant que les plaques seront *grandes* ou *petites*. On inscrira aussi le nombre de celles que la Direction générale aurait autorisé à délivrer *gratuitement* (art. 211). *[Nombre des plaques.]*

336. — Col. 13, 14. Lorsqu'une plaque aura été fournie, on en mettra le prix dans la colonne 13, si on en a encaissé le montant; on en porterait le prix dans la colonne 14, si la police avait un *effet différé*, ou si on avait été obligé d'accorder un délai pour le payement de la prime (*V.* art. 214). On se bornera à mettre un guillemet [»] dans les deux colonnes lorsque la plaque aura été donnée. *[Prix des plaques.]*

337. — Col. 15, 16. La colonne 15 contiendra le prix de la police, lorsqu'il aura été perçu comptant; mais si on avait été forcé d'accorder un délai pour le payement de la prime, ou si la police avait un *effet différé*, on en porterait le prix dans la colonne 16. *[Prix des polices.]*

338. — Col. 17. On inscrira dans cette colonne la prime de première année d'une police à *effet immédiat* (art. 306) dont on aura encaissé le montant. *[Primes de première année, encaissées.]*

Si l'*effet* d'une police n'était point immédiat, mais qu'il eût lieu dans le mois de sa souscription (art. 309), et que la prime en fût payée comptant, cette prime devrait également figurer à la colonne 17.

339. — Col. 18. On y inscrira la prime de première année dont il est question à l'article précédent, quand le Directeur, au lieu de l'avoir perçue comptant, aura été obligé d'accorder un délai pour le payement (art. 308). *[Primes de première année au comptant, non encaissées.]*

À côté de ces primes, et à gauche, on mettra dans la colonne un *P*, lors de leur encaissement, pour indiquer qu'elles sont *payées;* on aura soin d'y mettre un A quand elles seront *annulées*. On agira de même lors de leur encaissement, ou en cas d'annulation, pour les primes à échoir (art. 341), afin que les Inspecteurs puissent toujours, à la seule vue du Journal, reconnaître les primes en retard.

340. — Col. 19 à 28. On remplira le millésime de chaque colonne, à partir de la colonne 19, par le millésime de l'année dans laquelle on se trouve, et l'on observera ensuite la gradation d'une année par chaque autre colonne. *[Millésimes en blanc.]*

On portera (col. 19) la première prime d'une police à *effet différé* (art. 310), si cet *effet* a lieu dans l'année même de la souscription; si l'effet est plus éloi- *[Primes d'une police à effet différé.]*

gné, on portera la première prime dans la colonne de l'année correspondante à celle de l'*effet* de la police.

Primes à échoir. 341. — La première prime d'une police à *effet immédiat* devant toujours figurer dans la colonne 17, ou par exception dans la colonne 18, la deuxième prime, la première *à échoir* (art. 311), sera inscrite dans la colonne 20, après qu'on aura mis un guillemet [»] dans la colonne 19.

On portera immédiatement les primes des années suivantes dans chacune des colonnes dont le millésime correspond à chaque échéance annuelle (art. 288).

Lorsque, dans une assurance, il aura été, par exception, accordé une année *gratuite,* on mettra un *G,* au lieu du montant de la prime, dans la colonne afférente à l'année dont on aura fait remise.

Primes d'une assurance de plus de dix ans. Si une assurance est faite pour plus de dix ans, et qu'il reste encore les primes de plusieurs années à inscrire, lorsqu'on arrive à la colonne 28, il faut porter dans cette colonne 28, le total des primes restant à échoir, et indiquer au-dessus de ce total, *par un petit chiffre, à l'encre rouge* s'il est possible, le nombre de primes que le total indique ; on placera un *G* à côté de ce chiffre s'il est, en outre, accordé une année *gratuite* (*Voir* le 2ᵉ § de l'art. 339).

Total des primes à échoir. 342. — Col. 29. Cette colonne doit contenir, pour chaque police, le total des primes qui se trouvent dans les colonnes 19 à 28, sans qu'on y comprenne celles qui figurent dans les colonnes 17 ou 18.

Nᵒˢ d'annulation. 343. — Col. 30. Une police annulée, résiliée ou éteinte, doit être portée à la *deuxième partie* du registre, et cette colonne 30 rappellera seulement le numéro d'ordre sous lequel la police annulée, résiliée ou éteinte, est inscrite à la *deuxième partie* du registre.

Colonne d'observations. 344. — Col. 31. Cette colonne est destinée à recevoir tout ce qui ne saurait trouver place dans les autres; par exemple : pour les polices *reprises* (art. 296), on y indiquera la valeur assurée par les Compagnies sur lesquelles la *reprise* a été faite, le montant de la prime à leur payer, le numéro, et l'expiration de leur police.

Au besoin, les observations à inscrire dans cette col. 31, peuvent être mises en plusieurs lignes, mais sans empiéter sur la ligne inférieure.

DEUXIÈME PARTIE. — *Livre d'Annulation* (Modèle nᵒ 33).

Nᵒˢ d'ordre. 345. — Col. 1. On inscrit dans cette colonne, par numéro d'ordre, toutes les *Annulations,* de quelque nature qu'elles soient; l'inscription des polices annulées ne doit former qu'une seule série, commençant au n° 1, et se suivant sans interruption ni intercalation.

346. — Col. 2. Dans cette colonne, on rappellera le numéro d'ordre que portait, sur le Livre d'Inscription, la police annulée (art. 327). Nᵒˢ des polices.

347. — Col. 3, 4, 5 et 6. Ces colonnes, destinées à faire connaître l'*effet* de la police et la *durée* de l'assurance, devront être remplies, pour la police qu'on annule, conformément à son inscription dans les colonnes 3, 5, 6 et 7 du Livre d'Inscription (art. 329 et 331). Date de l'effet des polices et durée de l'assurance.

348. — Col. 7. On y indiquera, d'une manière bien lisible, le nom et les prénoms de l'assuré dont on annule la police. Nom et prénoms de l'assuré.

349. — Col. 8. On placera dans cette colonne la date de l'annulation, de manière à ce que les dates se suivent sans interruption, et se trouvent toujours concorder avec la série des numéros d'ordre. Date de l'annulation.

350. — Col. 9. Dans cette colonne, le Directeur devra faire connaître la date à laquelle cesse la garantie de la Compagnie, l'époque à laquelle l'assuré a cessé, cesse ou cessera, de jouir du bénéfice de son assurance. Date de l'effet de l'annulation.

351. — Col. 10 et 11. On mettra dans l'une de ces colonnes le montant total de la valeur qui cesse d'être garantie; si c'est par suite d'annulation ou de résiliation de la police, on posera le chiffre dans la colonne 10; si c'était par suite d'extinction de l'assurance, ce serait dans la colonne 11. Valeurs annulées ou éteintes.

352. — Col. 12, 13 et 14. S'il y avait lieu d'annuler le prix des plaques qui aurait été porté lors de l'inscription à la colonne 14 (art. 336), il faudrait noter le nombre de ces plaques dans la colonne 12 ou 13, suivant qu'elles sont *grandes* ou *petites*, et le prix dans la colonne 14. Nombre et prix des plaques annulées.

353. — Col. 15 et 16. Si on était obligé d'annuler une police qui n'aurait eu aucun *effet*, et pour laquelle on n'aurait rien touché, le prix de la police porté à la colonne 16 du Livre d'Inscription (art. 337), serait annulé, par son insertion à la colonne 15 de celui d'Annulation, et la prime inscrite dans la colonne 18 du Livre d'Inscription (art. 339), serait portée dans la colonne 16. Annulation du prix de la police et de la prime au comptant.

354. — Col. 17 à 26. On remplira le millésime indiqué par ces diverses colonnes, en commençant à la colonne 17, par l'année dans laquelle on se trouve, et en observant pour chaque autre colonne la gradation d'une année; le montant de chaque prime annulée sera inscrit dans la colonne correspondant à son échéance. Il faut surtout avoir soin d'appliquer exactement Millésimes en blanc.
Première prime à annuler.

dans la colonne afférente la première prime annulée, échue ou à échoir, à laquelle la Compagnie renonce ou cesse d'avoir droit, conformément à l'*avenant* de résiliation (art. 184).

355. —Si, dans une police annulée, il avait été accordé une *année gratuite*, on mettrait un *G* au lieu du montant de la prime dans la colonne correspondante.

Si le nombre des colonnes ne suffisait pas pour indiquer le nombre de primes annulées, on se conformerait, pour la colonne 26, à ce qui a été dit de la colonne 28 du Livre d'Inscription, art. 341, § 4e.

356. —Dans le cas où l'échéance de la première prime *annulée* serait antérieure au millésime porté par la colonne 17 (art. 354), on grouperait dans cette colonne, en un seul total, la prime y afférente avec celles antérieures, quel qu'en fût le nombre, et on indiquerait, par un petit chiffre rouge superposé, le nombre de primes comprises dans cette colonne.

357. — Col. 27. Cette colonne présentera pour chaque police *annulée* le total des primes comprises dans les colonnes 17 à 26, sans y ajouter celles qui pourraient se trouver dans la colonne 16.

358. —Col. 28. On mettra dans cette colonne ce qui ne pourrait être placé dans les autres; il faudra surtout y indiquer le motif de l'*Annulation* ou de la *Résiliation*.

Du Livre de Caisse (Modèle n° 34).

359. — Le Livre de Caisse est de la plus haute importance pour la comptabilité du Directeur. Il peut être produit en justice par suite de contestation; ce livre doit donc être tenu avec la plus grande régularité.

En conséquence, le Directeur veillera à ce qu'il ne présente ni surcharges ni interlignes (*Voir* pour les *Erreurs* et *Rectifications* les art. 384 et 385).

Le Livre de Caisse sera transmis à chaque Direction, *coté* et *paraphé*, par premier et dernier feuillet, par un de MM. les Administrateurs de la Compagnie.

Par mesure transitoire, les Livres de Caisse actuellement aux mains des Directeurs, seront *cotés* et *paraphés* par les Inspecteurs en tournée.

360. — Toute espèce de recettes ou de dépenses faites pour compte de la Compagnie, doivent être inscrites au Livre de Caisse, au moment même où elles sont effectuées; tout retard pouvant avoir les plus graves inconvénients pour la Compagnie et pour le Directeur.

361. —On indiquera dans les colonnes afférentes, l'année, le mois, le quantième, et avec détail la nature de l'encaissement ou de la dépense, et la somme reçue ou payée (*Voir* pour les *Erreurs* et *Rectifications* les art. 384 et 385).

La colonne d'observations doit servir à compléter, s'il y a lieu, les renseignements relatifs à une recette ou à une dépense.

362. — Pour l'encaissement d'une prime, on spécifiera sa nature : on dira si c'est une prime *au comptant* (art. 306) ou de *première année arriérée* (art. 308), ou à *effet différé* (art. 309), ou une prime *à terme* (art. 311), payée par *anticipation* (art. 314), ou pour *indemnité* (art. 317); on indiquera en même temps le nom de l'assuré et le numéro de la police. *(RECETTES. — Primes.)*

Il ne faut jamais confondre deux primes dans un même article.

363. — Lors de l'encaissement du prix des plaques, on en indiquera le nombre, en énonçant si elles sont *grandes* ou *petites*, et en indiquant les numéros des polices auxquelles elles se rapportent. *(Plaques.)*

364. — En inscrivant en recette le prix d'une police, on désignera le nom de l'assuré et le numéro de la police. *(Polices.)*

365. — Toutes les dépenses faites pour compte de la Compagnie doivent être immédiatement inscrites à leur date. On spécifiera leur nature par un libellé exact et détaillé. *(DÉPENSES.)*

On ne devra rien payer sans une quittance ou décharge en bonne forme. *(Ne rien payer sans quittances.)*

366. — Les dépenses les plus ordinaires sont : les mandats que la Direction générale peut tirer sur les Directeurs pour solde des Bordereaux ; les ports de lettres ou de paquets, et les primes de reprises à payer aux autres Compagnies (art. 320). Quant aux autres dépenses, il faut l'autorisation de la Direction générale pour les effectuer. *(Dépenses qui doivent être autorisées.)*

367. — Bien que le Directeur ait reçu avis de la Direction générale d'un mandat tiré sur lui, soit en compte, soit pour solde, il ne doit néanmoins en créditer son compte que le jour qu'il en effectue le payement (art. 360). *(Un mandat n'est porté en dépense que le jour où on l'acquitte.)*

368. — Les commissions allouées aux Directeurs sur primes, plaques et polices, ne doivent être portées en dépense au Livre de Caisse qu'à la fin du mois, avant l'arrêté mensuel (art. 380), et conformément au Bordereau de Caisse (lignes 2 à 7 du Modèle n° 37). *(Les commissions ne sont portées en dépense qu'à la fin du mois.)*

Des Commissions accordées aux Directeurs d'Arrondissement.

369. — Les allocations sur plaques ne doivent se prélever que sur celles dont le prix a été encaissé ; il en est de même pour les allocations sur polices. *(Allocations sur plaques et polices.)*

370. — Les commissions de première année se prélèvent, conformément *(Commissions sur primes.)*

aux conventions entre la Compagnie et les Directeurs, sur les premières primes, lorsqu'elles sont encaissées. Les commissions sur primes de deuxième année et suivantes se prélèvent à mesure de l'encaissement de chaque prime.

371. — Sur une assurance *par reprise* (art. 296), faite pour *dix ans,* la commission de première année ne sera établie que sur la différence entre la première prime reçue de l'assuré et celle payée à l'autre Compagnie; quant aux années suivantes, on percevra la commission de deuxième année sur les sommes acquises sans retour à la Compagnie et à mesure de leur encaissement (*V.* le 2ᵉ paragraphe de l'article suivant).

Commissions sur assurances par reprises.

372. — Pour une assurance de *plus de neuf ans,* dont on n'aurait encaissé que la prime d'une fraction d'année (art. 307), la commission de première année serait calculée sur la prime produite par cette fraction, et, lors de l'encaissement de la seconde prime, on prélèverait une commission de première année sur la différence nécessaire au complément de la prime totale; sur le reste on n'aurait à percevoir que la commission de deuxième année.

Commissions sur primes fractionnaires.

On opèrerait de même pour une assurance *par reprise* qui donnerait droit à l'encaissement de *dix* primes totales, en sus de celles dont tout ou partie devrait être payé à l'autre Compagnie.

373. — Quand la Direction générale envoie aux Directeurs des recouvrements de primes à effectuer dans leur Direction, elle leur alloue une commission de 5 p. 0/0 sur la somme encaissée.

Commissions sur primes envoyées à l'encaissement.

L'encaissement et la commission qui en résulte doivent être inscrits immédiatement au Livre de Caisse, l'un en recette, l'autre en dépense.

374. — Si un Directeur touchait des primes pour le compte d'un de ses collègues, cette circonstance ne changerait rien au mode de comptabilité. Les primes ainsi perçues, et les commissions qui en résulteraient, ne figureraient pas au Livre de Caisse du Directeur qui les aurait reçues, mais à celui du Directeur qui devrait en rendre compte.

Encaissement de primes pour un autre Directeur.

De l'Arrêté Mensuel des Registres.

375. — Le *Livre d'Inscription,* le *Livre d'Annulation* et le *Livre de Caisse* seront régulièrement arrêtés chaque mois, conformément aux Bordereaux, dans la forme et de la manière suivantes :

Doivent être arrêtés chaque mois.

Livre d'Inscription.

376. — Pour *le Livre d'Inscription,* le Directeur, se conformant au Modèle nᵒ 32, tirera une ligne sous la dernière police inscrite, totalisera chacune des colonnes 10 à 29, et posera ces additions sur la ligne qui suit immédiatement.

Pour clore le premier mois, on devra tirer une autre ligne sous les *Totaux* obtenus, puis, sur la ligne suivante, on écrira en gros caractères le nom du mois subséquent, pour continuer ensuite l'inscription des polices, sur la ligne immédiatement au-dessous. *Premier mois.*

377. — Pour la clôture de chacun des mois postérieurs, on fera, comme pour le premier, l'addition des opérations du mois ; mais, avant de clore, on reportera le *Total* du mois précédent : ces deux *Totaux* seront eux-mêmes additionnés, et formeront un *Total général* qui sera arrêté, comme le premier, pour être, à son tour, ajouté au *Total* du mois suivant, et ainsi de suite, jusqu'à la fin de l'année, de manière que chaque mois présente son *Total spécial*, et que le résultat du mois de décembre donne *la Totalité* des opérations faites dans l'année. *Deuxième mois et mois suivants.*

378. — S'il arrivait qu'on n'eût effectué aucune assurance dans le mois, il n'en faudrait pas moins écrire, sous les *Totaux*, le nom du mois ; mais, au lieu d'inscription, on mettrait : *Pas d'Inscription dans ce mois-ci ;* et, sans qu'il fût nécessaire de faire le report des *Totaux* du mois précédent, on passerait au mois suivant, en ayant toujours soin d'en indiquer le nom en tête. *Cas de non-assurances dans le mois.*

379. — Le *Livre d'Annulation* sera clos et arrêté chaque mois, conformément aux prescriptions des articles 376 et 377 ci-dessus, et, si aucune *annulation* n'avait eu lieu pendant le mois, on écrirait : *Pas d'annulations dans ce mois-ci*, et on continuerait comme il est dit à l'article 378. *Livre d'Annulation.*

380. — Pour le *Livre de Caisse*, on additionnera chaque mois la recette et la dépense, après avoir porté la commission qui ressort du Bordereau de Caisse, et, sous le chiffre le plus faible de la recette ou de la dépense, on ajoutera la somme nécessaire pour atteindre au chiffre le plus élevé. Si la somme ajoutée pour *Balance*, se trouve du côté de la dépense, on inscrira : *Solde en faveur de la Compagnie ;* si, au contraire, le chiffre ajouté est du côté de la recette, le Directeur inscrira : *Solde en ma faveur.* Il posera les *deux Totaux*, devenus égaux, en regard l'un de l'autre, et tirera, au-dessous, une ligne à l'encre pour les arrêter. S'il reste un espace vide sur l'un des côtés, il sera rempli par une ligne diagonale (*Voir* Modèle n° 34). *Livre de Caisse.*
Premier mois.

381. — A la date du 1er de chaque mois, on transportera à nouveau le *solde* du mois précédent, en posant le chiffre du côté de la recette, si le *solde* est en faveur de la Compagnie, et du côté de la dépense, si ce *solde* se trouve en faveur du Directeur. On continuera ensuite les opérations sans blancs ni lacunes. *Mois suivants.*

Le *Solde* qui ressort du Livre de Caisse doit toujours être le même que celui accusé dans le Bordereau.

Cas de nullité d'opérations de Caisse dans le mois.

382. — Si, pendant le cours d'un mois, il n'y avait aucune opération de Caisse, on laisserait toujours le report du *Solde* à nouveau, et on porterait, à la recette comme à la dépense, ces mots : *Pas d'opérations de Caisse dans le mois de...;* puis on inscrirait, sans blancs ni lacunes, les opérations du mois suivant.

Des Erreurs et Rectifications.

Cas d'erreurs dans le Journal d'Assurances.

383. — Si on avait commis une erreur dans l'une des colonnes de la *première* ou de la *deuxième* partie du Journal d'Assurances, et que cette erreur fût reconnue avant l'arrêté mensuel (art. 376), on se bornerait à rétablir le chiffre exact; si l'erreur était reconnue plus tard, et qu'elle fît partie des colonnes totalisées, on devrait également corriger le chiffre inexact; mais il faudrait, en outre, et sans toucher aux *totaux* déjà arrêtés, *ajouter* au *total spécial* du mois, alors prochain, ou en *déduire*, suivant le cas, la différence du chiffre rectifié, en disant : *Pour erreur relative à la police N°...* , et on porterait la différence du chiffre faux au chiffre exact, sous la colonne y afférente, puis on continuerait, comme il est dit à l'article 377.

Cas d'erreurs dans le Livre de Caisse.

384. — Si, au *Livre de Caisse*, une erreur de chiffre est reconnue, avant l'addition du mois (art. 380), on la corrige immédiatement; si elle est reconnue plus tard, il faut, suivant le cas, passer, dans le mois où l'on s'en aperçoit, un contre-article en dépense, pour annuler un excédant de recettes, et *vice versâ*, ou bien, ajouter à la recette ou à la dépense l'omission reconnue, ainsi que le complément de la somme dont, par erreur, on n'aurait porté qu'une partie.

Note de rectifications pour le Livre de Caisse.

385. — Si, après vérification, la Direction générale envoie une note de rectifications, le Directeur, après en avoir reconnu l'exactitude, doit porter en un seul article, à la recette, le montant total du *débit,* et, à la dépense, le montant total du *crédit,* sans établir entre eux de compensation.

Cette opération sera effectuée par la formule : *Rectifications à mon débit au Bordereau* (ou aux Bordereaux) *de . . .* (indiquer *le* ou *les mois*); *Rectifications à mon crédit au Bordereau de . . . .* Le numéro de la lettre portant ces rectifications sera inscrit à la colonne d'observations.

De la Clôture Annuelle des Exercices.

386. — Tous les ans, à la fin de Décembre, les opérations de l'Exercice écoulé doivent être arrêtées sur chaque Registre.

387. — Sur le *Livre d'Inscription*, après avoir arrêté le *Total* mensuel, comme à chacun des mois précédents (art. 377), on devra clore l'Exercice terminé, par la formule suivante : Arrêté annuel du Livre
d'Inscription.

Je, soussigné, Directeur de.... (le nom de la Direction), déclare que toutes les polices souscrites par moi, dans l'exercice 18.... (l'année écoulée), ont été régulièrement inscrites sur le présent Registre, sous les numéros.... (indiquer le premier numéro souscrit dans l'année), à,.... (le dernier numéro); qu'elles assurent en totalité une valeur de.... (le montant de la colonne 10), et présentent en primes acquises un total général de.... (la réunion des totaux des colonnes 17, 18 et 29). On datera et on signera.

On commencera le nouvel Exercice sur la page suivante, en continuant la série des numéros, mais sans jamais reporter les totaux d'un exercice sur un autre. Le mois de janvier suivant sera arrêté comme un premier mois, et ainsi de suite (art. 376 et 377).

388. — Sur le *Livre d'Annulation* l'Exercice sera clos dans la forme indi- Arrêté annuel du Livre
d'Annulation. quée à l'article précédent, et par la même formule, en remplaçant les mots : *polices souscrites*, par : *polices annulées;* ceux : *qu'elles assurent*, par : *qu'elles annulent*, et enfin ceux : *primes acquises*, par : *primes annulées.* On se conformera également, pour le nouvel Exercice, au dernier paragraphe de l'article 387.

389. — Sur le *Livre de Caisse*, après l'arrêté mensuel (art. 380), et avant Arrêté annuel du Livre
de Caisse. le *report* à nouveau, on arrêtera le Compte de l'Exercice par la formule suivante :

Je, soussigné, Directeur de..., déclare que toutes les recettes et dépenses faites par moi pour le compte de la Compagnie, durant l'Exercice 18..., ont été régulièrement inscrites sur le présent Livre de Caisse, et que le solde au 31 décembre 18.... est de la somme de.... (en toutes lettres), en faveur de la Compagnie (ou, en ma faveur). Dater et signer.

On commencera le nouvel Exercice sur la page suivante, en y reportant d'abord le *Solde à nouveau* (art. 381).

CHAPITRE XVI.

De la Formation des Bordereaux et des Pièces Comptables.

390. — Après avoir régulièrement arrêté ses Livres chaque mois, le Directeur en fera des Extraits sur les Bordereaux et États imprimés, que la Compagnie lui fournit à cet effet (Modèles 35 à 41).

Contenu des Bordereaux.

391. — Chaque Bordereau ou État, selon sa destination, comprendra les opérations du mois dont on règle la Comptabilité; on n'y portera aucune des affaires du mois suivant. Les Bordereaux seront clos, arrêtés, datés et signés.

N° 1. — Bordereau d'Inscription. (Modèle n° 35.) Les polices doivent accompagner le Bordereau d'Inscription.

392. — Le *Bordereau d'Inscription* n° 1 (Modèle n° 35) est destiné à présenter l'Extrait du *Journal d'Assurances;* il doit être toujours accompagné des polices. Si, par une exception rare, le Directeur n'envoyait pas une police qui cependant serait inscrite sur son Journal d'assurance, il devrait, afin de ne pas interrompre la série, faire figurer le *numéro de la police* et la *date de l'effet* sur son Bordereau, y joindre le nom de l'assuré, et, sans autre détail, se borner à indiquer, dans la colonne d'observations, le motif de l'absence de la police.

Envoi d'une police en retard avec le Bordereau du mois suivant.

393. — Lorsque les polices, ainsi en retard, seront envoyées à la Direction générale, le Bordereau devra commencer par leur *inscription,* en rappelant leur numéro d'ordre, et en notant, à la colonne d'observations, à quel Bordereau elles appartenaient; on les inscrira alors complétement, on en arrêtera le total, et on continuera ensuite l'inscription des autres polices, en suivant, comme à l'ordinaire, la série des numéros.

Annulation d'une police en retard.

394. — Si une de ces polices arriérées devenait *sans effet* par refus de signature ou pour toute autre cause, on devrait, dès qu'on en aurait connaissance, inscrire complétement cette police en tête du Bordereau, et fournir en même temps un bordereau d'*Annulation* pour cette même police.

Emploi des colonnes du Bordereau d'Inscription.

395. — La colonne n° 1 du *Bordereau d'Inscription* correspond pour son emploi à la colonne n° 1 du Journal d'Assurances, première partie (art. 327), les n°^s 2 à 7 aux colonnes 3 à 8 du même Journal (art. 329 à 332), les n°^s 8 à 16 aux colonnes 10 à 18 (art. 334 à 339), le n° 17 à la colonne 29 (art. 342).

396. — Dans la colonne n° 18 on indiquera, pour chaque police, le taux de la commission convenu, suivant la durée de l'assurance (*V.* art. 370, 371, 372), et dans la colonne 19 on inscrira le résultat du calcul, c'est le total de cette colonne qui sera porté au Bordereau de Caisse (Modèle n° 37, ligne 2).

397.—Avant d'expédier son Bordereau d'Inscription, le Directeur en totalisera les colonnes 8 à 17 et 19; s'il se trouve un premier total (art. 393), il l'ajoutera à celui-ci pour former un total général; il devra ensuite clore et arrêter le Bordereau conformément au modèle n° 35.

398.—Les colonnes n°⁵ 1 à 7 du *Bordereau d'Annulation* n° 2 (Modèle n° 36), correspondent aux mêmes colonnes n°⁵ 1 à 7 du Journal d'Assurances, deuxième partie (art. 345 à 348); les n°⁵ 8 à 15, aux colonnes 9 à 16 (art. 350 à 353).

N° 2. — Bordereau d'Annulation. (Modèle n° 36.)

399. — Dans la colonne 16, on indiquera, pour chaque annulation, le nombre de primes à annuler, sans y comprendre celle qui pourrait figurer dans la colonne 15, et on mettra dans la colonne 17 le total porté dans la colonne 27 du Journal (art. 357).

S'il se trouvait une année *gratuite* en sus du nombre de celles dont les primes auraient été annulées, on l'indiquerait par un *G*, au-dessus de ce nombre.

400. — La colonne 18 est destinée à faire connaître le motif des annulations.

Le Directeur aura ensuite le soin de totaliser les colonnes 9 à 15 et 17, de clore et d'arrêter le Bordereau conformément au modèle n° 36.

401.—Dans le *Bordereau de Caisse* imprimé, n° 3 (Modèle n° 37) se trouvent portés les articles les plus ordinaires de recettes et de dépenses; s'il se présentait cependant quelques cas imprévus, on les inscrirait par des lignes manuscrites.

N° 3. — Bordereau de Caisse. (Modèle n° 37.)

On évitera surtout de confondre dans un même total une autre nature de recettes ou de dépenses que celle indiquée.

402.—Toute dépense non justifiée ou non appuyée de quittances, sera laissée à la charge du Directeur jusqu'à production de pièces.

Toute dépense doit être appuyée de pièces.

403. — Le libellé des lignes imprimées indique ce qu'on doit y inscrire :

Dépenses.

Aux lignes 6 à 9, on ajoutera le nombre de plaques et de polices dont le prix est encaissé. On mettra, d'abord intérieurement, la somme afférente à chacune de ces lignes; ensuite on additionnera la ligne 6 avec la ligne 7, dont on fera sortir le total; on agira de même pour les lignes 8 et 9; et, dans le cas où il n'y aurait lieu de mettre un chiffre qu'à l'une de ces lignes, il faudrait le poser intérieurement sur la ligne afférente, et le faire sortir ensuite au milieu de l'accolade (*V.* Modèle 37, lignes 6 et 7).

404. — Le nombre de plaques et de polices sera porté dans les lignes 4 à 7; mais on ne devra y comprendre que le nombre de celles dont le prix aura été encaissé. On posera intérieurement la somme afférente à chacune de ces lignes,

dont on fera sortir ensuite, au milieu de l'accolade, le total formé par la réunion des lignes 4 et 5 ; on agira de même pour les lignes 6 et 7 ; s'il n'y avait qu'*une* somme à porter au lieu de *deux*, on la poserait, d'abord intérieurement, sur la ligne qui en indique l'objet, et on la ferait sortir ensuite dans la colonne des sommes, au milieu de l'accolade.

405. — Sur la ligne 8, on ne fera sortir que la somme payée à l'assuré pour montant de son *sinistre* ; les frais que ce sinistre aura pu occasionner seront portés, suivant leur nature (*V.* Modèles n° 31 et 37).

S'il y a plusieurs sinistres, on les réunira sur cette ligne en un seul total ; mais en indiquant, pour chacun, le nom de l'assuré et le numéro de la police.

Mandats tirés par la Compagnie.

406. — Sur la ligne 13, on indiquera l'Échéance du mandat tiré par la Compagnie, et la somme portée en ce mandat. S'il y en a plus d'un, on ajoutera les autres sans les confondre ; et s'il y a lieu de porter des frais quelconques, ils figureront toujours à part.

Arrêté du bordereau de caisse.

407. — On totalisera les sommes de la recette, puis celles de la dépense ; on ajoutera sous le chiffre le plus faible la somme nécessaire à la Balance ; si la somme la plus faible se trouvait du côté de la dépense, on écrirait en regard du chiffre ajouté : *Solde en faveur de la Compagnie*. Si c'était le contraire, on ajouterait à la recette, en disant : *Solde en ma faveur*. Le solde qui ressortira du Bordereau devra toujours être le même que celui du Livre de Caisse (art. 380).

On clora et on arrêtera conformément au Modèle n° 37.

N° 4. — État des primes échues encaissées. (Modèle n° 38.)

408. — Toutes les fois qu'on aura dans le mois encaissé des primes à terme arrivées à échéance (art. 311), ou des primes, plaques et polices d'un mois précédent, et pour lesquelles on avait accordé un délai (art. 308 et 323), il faudra en dresser un État, n° 4 (Modèle n° 38) de la manière suivante, et le joindre à l'appui du Bordereau de Caisse.

N° des polices.

409. — Dans la colonne n° 1, on rappellera le numéro de la police dont la prime figure comme encaissée, et dans la colonne n° 2 le nom et les prénoms de l'assuré.

Échéance des primes.

410. — Col. 3. On y indiquera l'échéance de la prime encaissée, c'est-à-dire l'époque à laquelle elle était exigible. Si c'était une prime de première année, arriérée (art. 308), l'échéance serait nécessairement la date de l'*effet* de la police ; pour l'échéance d'une prime à terme (art. 311), on mentionnera le jour du mois et l'année.

411. — Col. 4. On mettra dans cette colonne la date du jour où l'on a opéré l'encaissement. *(Date de l'encaissement.)*

412. — Col. 5, 6 et 7. Pour les plaques dont on aura porté le payement comme différé dans le Bordereau d'inscription (n° 1) d'un mois précédent, et dont on aura, depuis, encaissé le prix, on en indiquera le nombre dans la colonne 5 ou 6, suivant qu'elles sont *grandes* ou *petites*, et on portera dans la colonne 7 le montant de l'encaissement. *(Nombre et prix des plaques.)*

413. — Col. 8. On portera dans cette colonne, lorsqu'il aura eu lieu, l'encaissement du prix d'une police qui aurait figuré précédemment comme *différé* dans la colonne 11 du Bordereau d'inscription. *(Prix des polices.)*

414. — Col. 9. Il faut indiquer dans cette colonne la somme encaissée pour prime de première année, qui n'était pas payée comptant lors de son inscription au Bordereau n° 1 (art. 308), et qu'on a dû faire figurer alors dans la col. 16. *(Primes au comptant arriérée.)*

415. — Col. 10. Il ne faut porter dans cette colonne que l'encaissement des primes classées parmi celles à terme (art. 311); si un assuré payait, par anticipation, une ou plusieurs primes à échoir, l'encaissement en devrait figurer, dans cette colonne, en autant de lignes qu'il y aurait de primes reçues, en ayant soin d'indiquer l'échéance de chacune dans la colonne 3 (art. 410). *(Primes à terme échues.)*

416. — Col. 11. On indiquera dans cette colonne la prime d'indemnité reçue pour un certain laps de temps, *encore à courir*, bien que la police ait cessé *son effet* par suite de résiliation (*V.* art. 317). *(Primes d'indemnité.)*

417. — Col. 12 et 13. Dans la colonne 12, on mettra le taux de la commission applicable à chaque prime encaissée (art. 370 à 372), on en fera sortir le résultat dans la colonne 13, dont le total sera transporté au Bordereau de Caisse, ligne 3. Il est inutile d'y joindre les allocations sur plaques et polices; elles sont l'objet d'un article spécial sur le Bordereau n° 3 (art. 404). *(Taux et montant de la commission.)*

On totalisera ensuite les colonnes 5 à 11 et 13.

418. — A l'*État des reprises*, n° 5 (Modèle n° 39), col. n°° 1, 2, 3, on doit rappeler le numéro et l'*effet* de la police, tels qu'ils figurent au Bordereau d'inscription, n° 1, ainsi que le nom de l'assuré. *(N° 5. — État des reprises. (Modèle n° 39.))*

419. — Col. 4. Indiquer le nom de la Compagnie qui avait primitivement assuré, et sur laquelle on fait la reprise. *(Renseignements relatifs à l'assurance en reprise.)*

420. — Col. 5 à 10. On fera connaître dans les colonnes y afférentes, le numéro et la date de l'*effet* de la police de l'autre Compagnie, ainsi que la durée primitive de l'assurance et la valeur alors assurée.

421. — Col. **11.** Mettre dans cette colonne le montant de la prime annuelle fixé par la police de l'autre Compagnie.

Primes à payer aux autres Compagnies.

422. — Col. **12.** Sur la ligne supérieure, on indiquera le millésime de la première année où la Compagnie s'engage à payer la prime à une autre Compagnie, cette prime dût-elle être payée comptant ; sur la ligne inférieure on mettra le millésime de la dernière année à payer. Si, en sus de cette dernière année, il était accordé par la police de l'autre Compagnie une année *gratuite*, on aurait soin de l'indiquer par un *G* entre les deux millésimes (*V.* art. 199).

423. — Col. **13** et **14.** Dans la colonne 13, on indiquera le nombre des primes annuelles qui restent encore à payer au moment de la reprise. La prime annuelle (col. 11), multipliée par le nombre (col. 13), donnera pour résultat le total des primes à faire sortir dans la colonne 14.

On totalisera les colonnes 10, 11 et 14.

N° 6. — État des primes échues non encaissées.
(Modèle n° 40.)

424. — Sur l'*État* des *primes échues non encaissées*, n° 5 (Modèle n° 40), et dans les colonnes n°s 1 et 2, il faut indiquer le numéro de la police et le nom de l'assuré dont la prime est en retard.

Échéance des primes.

425. — Col. **3.** Cette colonne sert à indiquer l'échéance des primes en retard, c'est-à-dire l'époque à laquelle elles étaient exigibles ; il faut surtout avoir soin de ne pas omettre le millésime de l'année d'échéance.

Montant des primes.

426. — Col. **4** et **5.** On indiquera dans la colonne 4 le montant des primes de première année, non encaissées, et qui cependant auraient dû être payées comptant (art. 308), et dans la colonne 5, le montant des primes à terme (art. 311) qui, quoiqu'arrivées à échéance, n'ont cependant pas été acquittées par les assurés.

Totaliser chacune des colonnes 4 et 5.

Motifs du refus de payement.

427. — Col. **6.** On indiquera scrupuleusement dans cette colonne le motif allégué par l'assuré, lors de son refus de payement.

Envoi trimestriel.

428. — Cet *État* des *primes échues non encaissées*, ne sera adressé à *la Direction générale* que tous les *trois* mois, c'est-à-dire *fin mars, fin juin, fin septembre* et *fin décembre*; et, par exception aux dispositions de l'article 432, il portera l'indication des *trois* mois compris dans le *Trimestre* qu'il embrassera.

Chaque *État trimestriel* devra donner le tableau complet des primes alors en retard, en y comprenant même celles qui auraient pu déjà figurer dans les États précédents.

N° 7. — Lettre mensuelle.
(Modèle n° 41.)

429. — Chaque mois, une lettre imprimée à cet effet, n° 7 (Modèle n° 41)

et dont les Directeurs seront pourvus, accompagnera l'envoi des Bordereaux ;
le Directeur résumera, dans cette lettre, le résultat de chaque Bordereau, en
remplissant les blancs, conformément au Modèle.

430. — S'il arrivait que dans un mois il n'y eût eu aucune opération à in- *Opérations négatives.*
scrire sur l'un ou plusieurs des Bordereaux ou États, il serait inutile de les
adresser à l'Administration générale ; il suffirait alors d'indiquer leur *nullité*
en mettant sur la lettre n° 7, le mot *Néant* en regard de la dénomination de
chaque Bordereau *nul* (*Voir*, pour le Mode d'envoi, l'art. 435).

431. — S'il se trouvait, par hasard, qu'il n'y eût *absolument* aucune opération à faire connaître, le Directeur se bornerait à transmettre à la Direction
générale, *par la Poste,* immédiatement après la fin du mois, la lettre n° 7, en
ajoutant à chaque dénomination des *Bordereaux* et *États,* le mot *Néant.*

432. — Le Directeur aura toujours soin de remplir LA TÊTE de chaque État *Il faut remplir la tête*
ou Bordereau ; il le fera d'une manière uniforme pour ceux d'un même mois, *de chaque Bordereau.*
en désignant la Direction, qui lui est confiée, par le nom du chef-lieu de l'arrondissement de sous-préfecture, quel que soit d'ailleurs le lieu de la résidence de
lui, Directeur ; il inscrira au-dessous son propre nom, et mettra, de l'autre
côté, le nom du mois auquel le Bordereau s'applique.

Si le Directeur n'a pas le chef-lieu de l'arrondissement de sous-préfecture
dans sa circonscription, il désignera sa Direction par le nom du chef-lieu du
canton dans lequel il réside.

Lorsque, pour un mois, il n'y aura eu ni Bordereaux, ni États, les États
et Bordereaux du mois suivant devront porter, en outre du mois d'inscription
auquel ils s'appliqueront, l'indication des mois *négatifs.*

CHAPITRE XVII.

Mode de Transmission des Pièces Comptables.

433. — Le Directeur expédie *par la Poste* les remises d'effets et, en cas *Envois par la Poste.*
d'urgence, les pièces relatives aux *sinistres ;* hors ce cas, et lorsque les pièces
de sinistres sont trop volumineuses, elles doivent être transmises à la Direction
générale par les *Messageries Royales*, en même temps que les Bordereaux
Mensuels.*

---

* Lorsque les Directeurs n'ont à transmettre à la Direction générale que des imprimés qui
ne portent d'autre écriture que la *date* et la *signature*, ils doivent envoyer ces imprimés par
la Poste, *sous bandes croisées*, en ayant soin de les affranchir *au départ.*

434. — On doit adresser *par la Poste*, sous enveloppe, aussitôt après leur souscription, un exemplaire des polices concernant les assurances qui n'ont pu être souscrites qu'en vertu de l'autorisation de la Compagnie (art. 46).

Envois par les Messageries.

435. — Les *Polices*, les *Avenants*, les *États* et *Borderaux*, pour le mois expiré, ainsi que les pièces à l'appui, doivent être expédiés, dans les premiers jours de chaque mois, *sous toile*, par les *Messageries Royales*, et de manière à être parvenus au siége de la Direction générale avant le 10 du mois.

436. — Le Directeur ne pourrait joindre à ces paquets aucune lettre cachetée, ni pour la Direction générale, ni pour qui que ce soit, sans s'exposer à une amende : les simples lettres d'envoi doivent être seulement pliées en quatre, sans aucune adresse ; il ne faut pas enfermer des remises dans ces paquets, et le Directeur leur donnera pour unique suscription les mots : *Papiers sans valeur*.

Envois des fonds.

437. — A mesure que les Directeurs auront en caisse une somme de 150 fr., ils devront en faire envoi à la Compagnie,

Soit en un mandat sur le trésor, délivré par le receveur général du département;

Soit, sous leur garantie, en un effet de commerce endossé par eux ;

Soit enfin, en Espèces, par les *Messageries Royales*.

Il est expressément recommandé aux Directeurs de ne jamais envoyer de *Billets de Banque*, si ce n'est par lettres *chargées;* en aucun cas ils ne doivent envoyer des mandats sur la poste.

Endossement des valeurs.

438. — Les mandats et effets de commerce doivent être passés à l'ordre de M. le *Directeur général du* DRAGON, *Compagnie d'Assurances contre l'incendie.*

Les fonds et les Bordereaux peuvent être réunis en un seul envoi.

439. — Si l'on fait en même temps un envoi d'*Espèces* et un envoi de Comptes, Bordereaux ou autres papiers, il faut les réunir en un seul paquet, mais en déclarant les *Espèces*, afin que les *Messageries* ne puissent décliner leur responsabilité. Le nom de la Direction et le montant de la somme devront toujours être indiqués sur l'adresse. Le Directeur devra donner avis, par la poste, des envois d'Espèces, en transmettant le bulletin du chargement.

Les lettres et paquets sont adressés à M. le *Directeur du* DRAGON, *Compagnie d'Assurances contre l'incendie, place de la Bourse, n° 8.*

CHAPITRE XVIII.

Dispositions générales.

Traiter de comptabilité par lettre spéciale.

440. — Lorsque les Directeurs auront à traiter de Comptabilité, soit pour répondre aux notes de rectifications (art. 385) que leur adresse la Direction

générale, soit pour toute autre cause, ils devront le faire par *Lettre spéciale*, sans y rien comprendre d'étranger à cette matière.

441. — Les *trois* expéditions de chaque police doivent être entièrement conformes entre elles, et avec leur inscription au *Journal d'Assurances*, sans qu'il soit permis de modifier dans l'une la rédaction de l'autre (*V.* art. 135). *Les trois polices doivent être conformes.*

442. — Les Directeurs tiendront un registre de Comptes avec les Agents cantonaux : ils y porteront les primes dont ils confieront le recouvrement à ces auxiliaires, les remises ou versements qu'ils recevront en retour, ainsi que les Commissions et bonifications convenues. *Comptabilité des Directeurs avec leurs auxiliaires.*

Les Directeurs remettront à chaque Agent auxiliaire ou cantonal de leur arrondissement un *Carnet de Recouvrement de Primes*, sur lequel cet Agent inscrira, jour par jour, les primes qu'il aura perçues ; ce *Carnet*, qui comprendra aussi le recouvrement du prix des plaques et des polices, sera fourni par la Compagnie à chaque Direction, *dûment coté et paraphé* par un de MM. les Administrateurs de la Compagnie.

L'Agent cantonal arrêtera chaque jour son *Carnet*, ainsi qu'il suit :

S'*il y a eu recouvrement*, il apposera sa signature sur la ligne qui suivra immédiatement le dernier article de recette.

Si *aucun recouvrement n'a été effectué*, l'Agent inscrira sur la ligne qui viendra immédiatement après sa dernière signature, et en regard de la date, qu'il devra placer dans les trois premières colonnes, ces mots : *Point de recette*, et il signera, sur la même ligne, dans la colonne d'observations.

A la fin de chaque mois, l'Agent cantonal transmettra au Directeur de l'arrondissement, sur des imprimés qu'il aura reçus à cet effet, le relevé, exact et certifié, des encaissements portés sur son Carnet, pour le mois expiré ; il lui adressera aussi le montant des recouvrements par lui effectués.

Les Inspecteurs en tournée s'assureront de la régulière exécution des dispositions ci-dessus prescrites.

443. — Dans aucun cas, les écritures relatives à la gestion d'une Direction ne doivent être confondues avec celles des propres affaires du Directeur ; les fonds de la Compagnie doivent aussi être tenus à part, afin qu'à tout moment les Inspecteurs puissent facilement effectuer leurs vérifications. *Des écritures et des fonds de la Compagnie.*

444. — Les Directeurs transcriront sur un registre, en les numérotant par ordre de dates, leurs lettres adressées à la Direction générale, aux Inspecteurs en tournée, et celles aux Agents cantonaux. Ils conserveront en liasse toutes les lettres qu'ils recevront concernant les affaires de la Compagnie. *Classement des polices et des lettres.*

Les polices seront classées par ordre de dates et de numéros, et soigneusement renfermées sous clef.

445. — Pour l'accomplissement des dispositions de l'article 61 des *présentes
Instructions*, qui prescrivent la tenue d'un *Répertoire par Commune*, la Direction générale enverra aux Directeurs des *Feuilles imprimées*, en nombre pro-
porionné à celui des communes de leur circonscription.

Sur chacune de ces feuilles, les Directeurs inscriront les polices appartenant
à chaque commune, et sous le même numéro d'ordre que ces polices portent au
Registre d'Inscription (art. 289 et 327), d'abord celles déposées dans leurs archives, et successivement celles qu'ils souscriront, de telle sorte que toutes
soient mentionnées sur les feuilles par commune, et que les Inspecteurs puissent toujours reconnaître si les Assurances n'excèdent pas, dans chaque commune, la proportion fixée par l'article 60.

Dans ces *Feuilles spéciales*, pour chaque commune, on classera tous les documents relatifs à la commune : ainsi, les Directeurs y annexeront un
exemplaire des *Questions Statistiques* qui leur auront été transmises en double
par la Direction générale, et dont ils lui auront renvoyé le second exemplaire
avec les réponses.

446. — Les Directeurs ne doivent jamais rester dépourvus du *Matériel* nécessaire à leurs opérations ; ils n'attendront pas que divers objets soient épuisés
pour en réclamer de nouveaux.

Les demandes de *Matériel* seront faites par les Directeurs au moyen de l'envoi, à la Direction générale, d'un *Tableau imprimé* qui leur est fourni par celle-
ci. Ces demandes devront toujours être adressées, hors les cas d'urgence, en
même temps que les *Bordereaux mensuels* (art. 435). Les Directeurs auront
soin de mentionner dans le Tableau de demande, tout ce qui manquera à leur
approvisionnement*.

447. — La Compagnie, *affranchissant ses envois*, les Directeurs n'ont or-

---

* Le *Matériel* de chaque Direction doit rester entre les mains du Directeur. Aucun dépôt
ne doit être fait chez les *Agents cantonaux*, si ce n'est des objets suivants, dont les Directeurs ne devront jamais laisser leurs auxiliaires dépourvus : des *Statuts*, des *Affiches*, des
Prospectus, des *Instructions particulières et spéciales*, des *Tarifs*, des *Propositions d'Assurances*, des *Avis de Sinistre*, un *Carnet de Recouvrement de primes*, et des *Feuilles pour
les relevés mensuels de ce Carnet*. — Les *plaques* ne doivent être remises aux *Agents cantonaux* qu'au fur et mesure des polices signées ou à faire signer.

dinairement aucuns *frais de port* à payer; cependant lorsque le service des *Messageries* ne se fait pas directement pour une localité, il est possible que les envois ne puissent être affranchis; dans ce cas, la Direction générale tient compte aux Directeurs de leurs déboursés, comme elle leur tient également compte des ports de lettres et de paquets qu'elle leur adresse par la poste.

La correspondance des Directeurs avec les Agents cantonaux, et réciproquement, est aussi à la charge de la Compagnie. Les Directeurs porteront ces frais en dépense dans leur Livre de Caisse, d'une manière distincte et détaillée.

448. — Lorsqu'il est fait, entre les mains d'un Directeur, des Oppositions ou Saisies-arrêts sur les sommes que la Compagnie peut avoir à payer à un Assuré, en cas de sinistre (art. 281), le Directeur ne les vise point et n'en délivre aucun récépissé; il se borne à recevoir ces actes, à les mentionner en tête de la police qu'ils concernent, et à les adresser à la Direction générale, avec son premier envoi de Bordereaux (art. 435). *[Oppositions et saisies-arrêts.]*

449. — Les Directeurs ne peuvent faire aucune insertion dans les journaux, ni rien faire imprimer ou publier, sans l'autorisation expresse de la Compagnie (*V.* art. 33). *[Défense d'imprimer sans autorisation.]*

450. — En cas de démission, révocation ou décès du Directeur, les polices et les avenants, les plaques, les imprimés, les Registres, le Copie de lettres, la correspondance de la Compagnie et sa procuration, en un mot tout le *Matériel*, seront remis par le Directeur ou ses ayants cause, à son remplaçant, ou à l'Inspecteur qui réclamera la remise du service. *[Du Matériel en cas de démission.]*

451. — Lorsque la Direction générale fera connaître aux Directeurs quelques modifications apportées aux *présentes Instructions*, ils auront soin de les annoter, immédiatement, en marge des articles auxquels ces modifications se rapporteront, en indiquant de quelle autorité elles émanent, et quelle en est la date. *[Des modifications aux présentes.]*

CHAPITRE XIX.

Articles additionnels.

452. — Dans aucun cas, ainsi qu'il est dit à l'article 105 des *présentes Instructions*, les Directeurs ne pourront, à moins d'autorisations spéciales, réduire les articles du tarif. *[Application exacte du tarif. — Peine en cas d'infraction.]*

Tout Directeur qui, perdant de vue cette disposition prohibitive, souscrirait une police au-dessous du taux fixé, deviendrait passible du préjudice, résultant pour la Compagnie, de cette fausse application du tarif, et ce, pendant toute la durée de l'assurance.

En conséquence, les Directeurs seront débités, à l'échéance de chaque prime, de la différence existant entre le montant des primes stipulées, et la somme qu'aurait produite l'exacte application du tarif.

Lorsqu'une décision spéciale et préalable de la Compagnie, aura admis une modification au tarif (art. 105, § 2), l'autorisation devra être relatée, au bas de la première page de la police, par la formule suivante : *Réduction de la prime sur l'article...* (en indiquer l'objet), *autorisée par lettre de la Direction générale, du....*

Désignation inexacte ou incomplète des risques.

453. — Les Directeurs ne doivent jamais, dans les polices, se borner à une désignation vague des objets assurés, comme celle qui n'indiquerait que le *risque* ou la *classe ;* ainsi, il ne suffit pas de mettre, par exemple, 1er *risque*, 2e *classe*, ou toute autre expression équivalente ; mais il faut toujours clairement spécifier le *genre de construction* et le *genre de couverture* (qui déterminent la *classe* et le *risque*), et indiquer, en outre, la destination des immeubles, ainsi que la profession des personnes qui les occupent.

Ces renseignements étant indispensables à l'Administration pour apprécier l'application qui a été faite du tarif, si un Directeur les omet, et s'il résulte, ultérieurement, de la vérification des risques, que les primes ont été mal appliquées, le compte de ce Directeur sera débité de la différence, comme il est dit au 3e § de l'article précédent.

Maximum d'Assurances sur les 1ers risques de la 3e classe.

454. — Le *Maximum* de l'assurance sur *bâtiments en pierres, briques* ou *moellons, couverts en bois* ou *en chaume* (1er risque de la 3e classe) est porté à *Vingt mille francs* (contenant et contenu), nonobstant les dispositions de l'avant-dernier § de l'article 47 des *présentes Instructions*.

Minimum d'Assurances sur les 2e et 3e risques de la troisième classe.

455. — Les assurances sur *bâtiments en pans de bois recrépis, couverts en bois* ou *en chaume* (2e risque de la 3e classe), celles sur *bâtiments en bois* ou *torchis, couverts en bois* ou *en chaume* (3e risque, 3e classe) sont absolument interdites, lorsque la valeur de ces sortes de risques n'atteindra pas, au moins, à *Deux mille francs* (mobilier non compris). Quant au *maximum*, il demeure restreint aux limites déterminées par l'avant-dernier paragraphe de l'article 47.

L'assurance des mobiliers, dans les mêmes bâtiments, est également interdite, quelle que soit la valeur de ces mobiliers.

Assurance des bois et forêts.

456. — Toutes les fois que les Directeurs auront à proposer à l'autorisation de la Compagnie l'assurance de quelque *bois* ou *forêt*, conformément à l'article 46, n° 22, ils devront faire connaître :

1°. L'étendue en hectares, ares et centiares ;

2°. L'*essence*, c'est-à-dire l'espèce des arbres ;

3°. S'il y en a de plusieurs espèces ; dans quelle proportion chaque espèce ;

4°. Si ce sont des *futaies* ou des *taillis* ;

5°. Si le *bois, futaie* ou *taillis*, est aménagé, c'est-à-dire mis en coupe réglée ;

6°. Dans ce cas, les époques des coupes, et la date de la dernière ;

7°. Si la forêt est d'une seule masse, ou si elle est composée de plusieurs masses, pouvant former des risques distincts (*il faut au moins* 20 *mètres de distance pour la division des risques*) ;

8°. Si la forêt est contiguë à d'autres bois, ou si ce sont des champs qui l'entourent ;

9°. Si elle est assujettie à des *droits* d'usage ;

10°. Si on y pratique l'*écobuage* ;

11°. Si on y fait habituellement ou accidentellement des *fauldes* ou fosses à charbon ;

12°. S'il est d'usage d'y faire pacager les bestiaux, et à quel âge du bois il est permis de les y mener ;

13°. La distance des habitations les plus rapprochées ;

14°. Enfin, la valeur de la forêt en masse ou de chaque masse en particulier, distraction faite de la valeur du sol, qui n'est jamais *assurable*.

A ces renseignements, on aura soin de joindre un plan des lieux.

Modèles.

<table>
<tr><td>

Modèle nᵒ 1.

DIRECTION

d

</td><td>

LE DRAGON,
COMPAGNIE ANONYME D'ASSURANCES
CONTRE L'INCENDIE.
Autorisée par ordonnance royale du 8 mai 1842.

ÉTABLIE A PARIS, PLACE DE LA BOURSE, 8.

</td><td>

DÉPARTEMENT

d

</td></tr>
</table>

COMMISSION D'AGENT CANTONAL.

Je, soussigné,   Directeur de la Compagnie *Le Dragon*,

pour l'arrondissement d   département d

nomme M.   demeurant à   Agent de la

Compagnie pour le Canton d

Par suite, je lui donne pouvoir de, pour moi et en mon nom, recueillir et vérifier toutes propositions d'assurance contre l'incendie; débattre, sauf mon approbation et conformément aux tarifs, les primes et conditions de l'assurance; toucher, en échange des polices et quittances signées par moi, le prix des plaques et desdites polices, ainsi que les primes *au comptant*; recevoir, en outre, sur quittances également signées par moi, les primes *annuelles* des Assurés, et représenter la Compagnie auprès des justices de paix dans toutes les démarches judiciaires ou poursuites relatives au recouvrement desdites primes.

Il est formellement interdit à M.   de statuer définitivement sur aucune proposition d'assurance; de signer ou de modifier aucune police ou quittance de prime, et de prendre aucun engagement verbal ou écrit en mon nom ou celui de la Compagnie.

Fait à   *le*   184

Le Directeur d'Arrondissement,

Modèle N° 2.

N°

———

Somme à assurer F.

Prime proposée   p. 0/00.

———

La Compagnie n'est engagée que lorsque la police d'assurance a été signée par les parties contractantes, et que la prime qui s'y trouve stipulée a été payée.

* Dire si c'est comme propriétaire, usufruitier, locataire, négociant, commissionnaire, administrateur, créancier hypothécaire, etc.

———

BATIMENTS.

Désigner la situation, le nombre d'étages, le genre de construction et de couverture, la destination et la somme à assurer sur chaque maison au corps de bâtiment séparé.

Lorsqu'une propriété se compose de plusieurs bâtiments de constructions ou couvertures différentes, ou à divers usages, il faut toujours avoir soin de faire connaître s'ils sont séparés ou contigus, et, en cas de contiguïté, dire s'il y a entre eux des gros murs s'élevant jusqu'aux toits, avec ou sans communication à l'intérieur.

———

MOBILIER.

Mêmes désignations des lieux que pour les bâtiments.—Indiquer en outre les étages où se trouve le mobilier, et répartir la somme à assurer:

1°. *Sur meubles et ustensiles de ménage;*
2°. *Sur linge et effets d'habillement;*
3°. *Sur provisions de ménage;*
4°. *Sur chevaux et voitures;*
5°. *Sur glaces, pendules et ornements;*
6°. *Sur argenterie de table;*
7°. *Sur bibliothèque (les manuscrits et les livres précieux exceptés);*
8°. *Sur outils de profession.*

———

MARCHANDISES.

Mêmes désignations des lieux que pour les bâtiments.— Indiquer leur nature et si le proposant est propriétaire ou consignataire.

———

Place de la Bourse, N° 8.

———

LE DRAGON,
COMPAGNIE ANONYME D'ASSURANCES A PRIMES
Contre l'Incendie,
Autorisée par Ordonnance royale du 8 mai **1842**.

———

PROPOSITION D'ASSURANCE
POUR BATIMENTS, MOBILIERS, MARCHANDISES, etc.

———

M

demeurant à

agissant pour

propose à la Comp.ie de l' assurer contre l'Incendie pendant années sur les objets ci-après désignés; **Savoir:**

CAPITAL de L'ASSURANCE.	TAUX de la prime.	PRIME payée.

FERMES ET RÉCOLTES.

Mêmes désignations que pour les bâtiments, et répartir la somme à assurer :

1°. *Sur chaque corps de bâtiment ;*
2°. *Sur les récoltes y contenues ;*
3°. *Sur les bestiaux y renfermés ;*
4°. *Sur les instruments et ustensiles aratoires.*

RISQUES LOCATIFS.

Mêmes désignations qu'à l'article *Bâtiments,* et dire si le propriétaire est ou n'est pas assuré par la Compagnie.

RECOURS DE VOISINS.

Mêmes désignations qu'à l'article *Bâtiments,* tant pour la maison susceptible de communiquer le feu, que pour les maisons contiguës.

DÉCLARATIONS A FAIRE.

Le proposant doit déclarer :

1°. Si les bâtiments à assurer ou dans lesquels sont renfermés les objets à assurer sont, ou non, contigus à *des bâtiments couverts en bois ou en chaume, à un théâtre, à une filature de lin, de laine ou de coton, à une fabrique ou raffinerie de sucre, à une fabrique de garance ;*

2°. S'il y existe ou non une profession augmentant le risque, ou des marchandises hasardeuses ;

3°. S'il a fait faire d'autres assurances sur les mêmes objets ou sur d'autres objets faisant partie du même risque.

NOTA. Lorsque ces déclarations sont négatives, on se borne à mettre le mot *Néant.*

	CAPITAL de L'ASSURANCE.	TAUX de la prime.	PRIME payée.

Le soussigné déclare

1°

2°

3°

Fait à   le

Le Proposant,

Renseignements particuliers.

TRACÉ LINÉAIRE DES PROPRIÉTÉS COMPOSÉES DE PLUSIEURS BATIMENTS.

Certifié véritable.

L'Agent,

Modèle N° 3.

$\mathcal{N}^°$

Somme à assurer F.

Prime proposée   p. 0/00.

La Compagnie n'est engagée que lorsque la police d'assurance a été signée par les parties contractantes, et que la prime qui s'y trouve stipulée a été payée.

* Dire si c'est comme propriétaire, locataire, usufruitier, administrateur, créancier hypothécaire, etc.

Tous les articles formant un même risque, contenant et contenu, doivent être placés à la suite les uns des autres.

Il faut relater soigneusement à chaque article la lettre sous laquelle le bâtiment est désigné au tracé.

BATIMENTS.

Désigner la situation, le nombre d'étages, le genre de construction et de couverture, leur usage et la somme à assurer sur chacun d'eux.
· Indiquer s'ils sont séparés ou contigus.

MOBILIER INDUSTRIEL.

Répartir la somme à assurer:
Sur *Loup* ;
  Batteur ;
  Cardes simples ;
  Cardes doubles ;
  Étirages ;
  Lanternes ;
  Bancs à broches ;
  Métiers à filer en gros ;
    Id. *à filer en fin* ;
    Id. *à filer continus* ;
  Dévidoires ;
  Pièces de rechange ;
  Ustensiles divers ;
  Pompe à feu ou autre moteur et accessoires, etc., etc.

Place de la Bourse, N. 8.

LE DRAGON,

COMPAGNIE D'ASSURANCES A PRIME

Contre l'Incendie,

Autorisée par Ordonnance royale du 8 mai 1842.

PROPOSITION D'ASSURANCE POUR FABRIQUES ET USINES.

FILATURE DE COTON.

$\mathcal{M}$

demeurant à

agissant pour *

propose à la Comp^ie de l' assurer contre l'Incendie pendant

années

sur les objets ci-après désignés; **Savoir :**

CAPITAL de L'ASSURANCE.	TAUX de la prime.	PRIME payée.

12

MOBILIER PERSONNEL.

Mêmes désignations des lieux que pour les bâtiments. — Indiquer en outre les étages où se trouve le mobilier, et répartir la somme à assurer :

1°. *Sur meubles et ustensiles de ménage ;*
2°. *Sur linge et effets d'habillement ;*
3°. *Sur chevaux et voitures ;*
4°. *Sur glaces, pendules et ornements ;*
5°. *Sur argenterie de table.*

MARCHANDISES.

Indiquer la somme à assurer :

Sur Coton brut ;
Id. *en manutention ;*
Id. *filé.*

DÉCLARATION A FAIRE.

Le proposant doit déclarer s'il a fait faire d'autres assurances sur les mêmes objets ou sur d'autres objets faisant partie des mêmes risques.

CAPITAL de L'ASSURANCE.	TOTAL de la prime.	PRIME payée.

Fait à le

Le Proposant,

Renseignements spéciaux.

1°. Existe-t-il plusieurs corps de bâtiments? Ont-ils été originairement construits pour leur usage actuel? Ceux qui sont contigus ont-ils entre eux des murs de refend en pierres ou briques? Ces murs sont-ils entièrement pleins jusqu'à la toiture, ou bien contiennent-ils des portes en bois ou en fer, ou d'autres ouvertures?

2°. Les ateliers sont-ils plafonnés, carrelés ou planchéiés?

3°. Le moteur consiste-t-il en un manége, une machine hydraulique ou une pompe à vapeur? Si c'est une pompe à vapeur, est-elle adjacente ou isolée? Les fourneaux et l'appareil sont-ils en bon état?

4°. Les escaliers sont-ils dans l'intérieur ou à l'extérieur, larges ou étroits, en bois ou en pierres?

5°. Quel est le genre de chauffage, soit poèles ordinaires, calorifères ou vapeur? Les foyers sont-ils dans l'intérieur ou en dehors? Les tuyaux sont-ils en tôle ou en fonte? Comment sont-ils maintenus? Sont-ils suffisamment éloignés des charpentes? Traversent-ils les planchers, et, dans ce cas, comment les planchers sont-ils garantis?

Quel est le combustible dont on fait usage?

6°. Comment l'éclairage a-t-il lieu? Les quinquets ou les becs à gaz sont-ils convenablement éloignés des métiers? Sont-ils renfermés dans des lanternes, ou bien la lumière n'est-elle garantie que par de simples verres? Dans ce dernier cas, les verres sont-ils assez épais? Existe-t-il dans les ateliers un règlement pour le service des quinquets?

7°. Quelles sont particulièrement les précautions prises pour l'éclairage et le chauffage de la carderie et du batteur?

8°. Passe-t-on quelquefois la nuit au travail?

9°. Quel est l'âge des divers métiers, leur système, le nom des constructeurs qui les ont fournis? Sont-ils dans un bon état d'entretien?

10°. L'établissement possède-t-il des pompes à incendie ou d'autres moyens de secours? Quel secours peut-on espérer du voisinage?

11°. La somme proposée à l'assurance sur les bâtiments et le mobilier industriel représente-t-elle la valeur de la construction, le prix d'achat ou la valeur vénale?

L'Agent-Directeur,

TRACÉ.

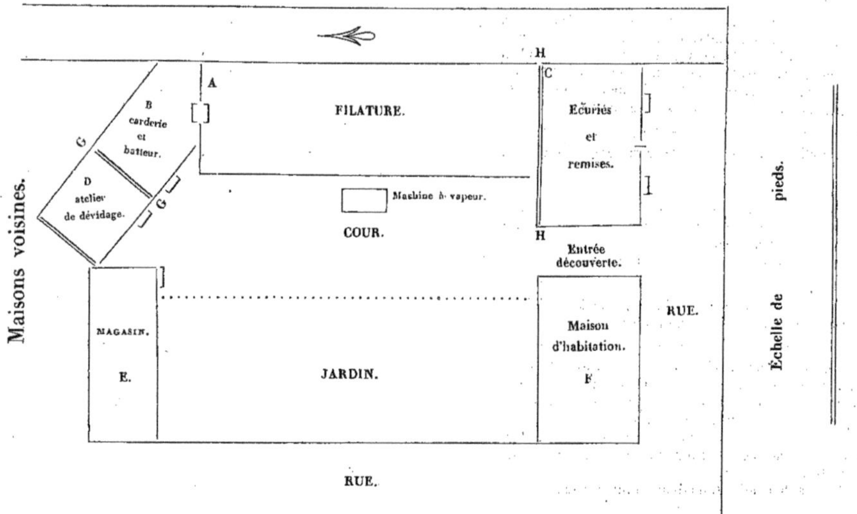

LÉGENDE.

A — Bâtiment à l'usage de la filature, élevé de trois étages sur caves et rez-de-chaussée.

B — Bâtiment renfermant la carderie et le batteur, consistant en un rez-de-chaussée, surmonté d'un grenier et communiquant avec la filature.

C — Bâtiment servant d'écurie et remises, composé d'un rez-de-chaussée voûté et d'un grenier, ayant ses entrées sur la rue.

D — Atelier de dévidage, composé de rez-de-chaussée et grenier.

E — Magasin   id.   id.   id.

F — Maison d'habitation, élevée de deux étages sur cave et grenier.

GG HH — Murs de refend en pierres et briques, s'élevant jusqu'à la toiture sans aucune ouverture.

Tous ces bâtiments sont construits en pierres et briques, et couverts en tuiles et ardoises.

Renseignements spéciaux.

FILATURES DE LAINES ET FABRIQUES DE DRAPS.

1°. Existe-t-il plusieurs corps de bâtiments? Ont-ils été originairement construits pour leur usage actuel? Ceux qui sont contigus, ont-ils entre eux des murs de refend en pierres ou briques? Ces murs sont-ils entièrement pleins jusqu'à la toiture, ou bien contiennent-ils des portes en bois ou en fer, ou d'autres ouvertures?

2°. Les ateliers sont-ils plafonnés, carrelés ou planchéiés?

3°. Le moteur consiste-t-il en un manége, une machine hydraulique ou une pompe à vapeur? Si c'est une pompe à vapeur, est-elle adjacente ou isolée? Les fourneaux et l'appareil sont-ils en bon état?

4°. Les escaliers sont-ils dans l'intérieur ou à l'extérieur, larges ou étroits, en bois ou en pierres?

5°. Quel est le genre de chauffage, soit poèles ordinaires, calorifères ou vapeur? Les foyers sont-ils dans l'intérieur ou en dehors? Les tuyaux sont-ils en tôle ou en fonte? Comment sont-ils maintenus? Sont-ils suffisamment éloignés des charpentes? Traversent-ils les planchers? Et, dans ce cas, comment les planchers sont-ils garantis?
Quel est le combustible dont on fait usage?

6°. Comment l'éclairage a-t-il lieu? Les quinquets et les becs à gaz sont-ils convenablement éloignés des métiers? Sont-ils renfermés dans des lanternes, ou bien la lumière n'est-elle retenue que par de simples verres? Dans ce dernier cas, les verres sont-ils assez épais? Existe-t-il dans les ateliers un réglement pour le service des quinquets?

7°. Passe-t-on quelquefois la nuit au travail ?

8°. Quel est l'âge des divers métiers servant à la filature de laine, leur système, le nom des constructeurs qui les ont fournis ? Sont-ils dans un bon état d'entretien ?

9°. Les débourrages et déchets de laine et de tonte sont-ils enlevés chaque jour, et où sont-ils déposés ?

10°. De quelle manière sèche-t-on les laines et les draps ? S'il existe des séchoirs à chaud, comment sont-ils disposés ?

11°. Existe-t-il des caves de teinture ? Sont-elles chauffées à feu nu ou à la vapeur ?

12°. L'apprêt des draps a-t-il lieu au moyen de plaques de métal chauffées au feu ou par des cylindres à vapeur ?

13°. L'établissement possède-t-il des pompes à incendie ou d'autres moyens de secours ? Quel secours peut-on espérer du voisinage ?

14°. La somme proposée à l'assurance sur les bâtiments et le mobilier industriel représente-t-elle la valeur de construction, le prix d'achat ou la valeur vénale ?

Renseignements spéciaux.

FABRIQUES DE TOILES IMPRIMÉES ET TEINTURERIES

A L'USAGE DES FABRIQUES.

1°. Existe-t-il plusieurs corps de bâtiments? Ont-ils été originairement construits pour leur usage actuel? Ceux qui sont contigus ont-ils entre eux des murs de refend? Ces murs sont-ils entièrement pleins jusqu'à la toiture, ou bien contiennent-ils des portes en bois ou en fer, ou d'autres ouvertures?

2°. Quel est le genre de chauffage, soit poêles ordinaires, calorifères ou vapeur? Les foyers sont-ils dans l'intérieur ou en dehors? Les tuyaux sont-ils en tôle ou en fonte? Comment sont-ils maintenus? Sont-ils suffisamment éloignés des charpentes? Traversent-ils les planchers, et, dans ce cas, comment les planchers sont-ils garantis?

Quel est le combustible dont on fait usage?

3°. Quelle est la situation du séchoir à chaud, et comment est-il disposé?

Quelles sont les précautions employées pour empêcher que le vent ou quelque accident ne fasse toucher au foyer ou au calorifère les pièces mises à l'étendage?

4°. L'opération du grillage se fait-elle dans l'établissement et avec toute la prudence nécessaire?

5°. Les préparations au rouge d'Andrinople ont-elles lieu dans l'établissement? Existe-t-il un séchoir particulier pour ce genre de teinture, et quelles précautions y sont prises?

6°. L'établissement possède-t-il des pompes à incendie et d'autres moyens de secours? Quel secours peut-on espérer du voisinage?

7°. La somme proposée à l'assurance sur les bâtiments et le mobilier industriel représente-t-elle la valeur de construction, le prix d'achat ou la valeur vénale?

Renseignements spéciaux.

1°. Les bâtiments contigus ont-ils entre eux des murs de refend en pierres ou briques? Les murs sont-ils entièrement pleins jusqu'à la toiture, ou bien contiennent-ils des portes en bois ou en fer, ou d'autres ouvertures?

2°. Quel est le combustible dont on fait usage?

3°. Quelle est la distance de l'établissement et les lieux où il s'approvisionne de charbon de bois, en combien de charbon de bois, et en combien de temps le transport se fait-il?

4°. Quelles précautions prend-on habituellement pour s'assurer que le charbon qui arrive dans les halles est complétement éteint?

5°. Lorsque, pendant la nuit, on fait passer du charbon des halles au haut-fourneau ou dans les ateliers de forge, comment éclaire-t-on ce transport?

6°. Les halles à charbon sont-elles situées assez loin du haut-fourneau et des ateliers de forge pour que des étincelles ne puissent s'y joindre?

7°. L'établissement possède-t-il des pompes à incendie ou d'autres moyens de secours? Quel secours peut-on espérer du voisinage?

8°. La somme proposée à l'assurance sur les bâtiments et le mobilier industriel représente-t-elle la valeur de la construction, le prix d'achat et la valeur vénale?

Renseignements spéciaux.

VERRERIES, TUILERIES, POTERIE, FABRIQUE DE FAYENCE ET DE PORCELAINE.

1°. Existe-t-il plusieurs corps de bâtiments? Ceux qui sont contigus ont-ils entre eux des murs de refend en pierres ou briques? Ces murs sont-ils entièrement pleins jusqu'à la toiture, ou bien contiennent-ils des portes en bois ou en fer, ou d'autres ouvertures?

2°. Combien y a-t-il de fours à cuire?
Quelle est la construction particulière de ces fours?

3°. Quelles sont la nature et la quantité du combustible? A quelle distance des bâtiments est-il placé?

4°. Comment sèche-t-on les bois, et où place-t-on la portion destinée à la consommation journalière?

5°. L'établissement possède-t-il des pompes à incendie ou d'autres moyens de secours? Quel secours peut-on espérer du voisinage?

6°. La somme proposée à l'assurance sur les bâtiments et le mobilier industriel représente-t-elle le prix d'achat ou la valeur vénale?

13

Renseignements spéciaux.

DISTILLERIES ET BRASSERIES A L'USAGE DES FABRICANTS.

1°. Existe-t-il plusieurs corps de bâtiments? Ceux qui sont contigus ont-ils entre eux des murs de refend en pierres ou briques? Ces murs sont-ils entièrement pleins jusqu'à la toiture, ou bien contiennent-ils des portes en bois ou en fer, ou d'autres ouvertures?

2°. Les appareils sont-ils placés dans des lieux voûtés?

3°. La distillation se fait-elle à feu nu ou au bain-marie?

4°. Les alambics sont-ils bien conditionnés, sans fissures et faciles à être bien lutés?
Comment les tourailles sont-elles disposées?

5°. L'établissement possède-t-il des pompes à incendie ou d'autres moyens de secours? Quel secours peut-on espérer du voisinage?

6°. La somme proposée à l'assurance sur les bâtiments et le mobilier industriel représente-t-elle la valeur de construction, le prix d'achat ou la valeur vénale?

Renseignements spéciaux.

1°. Existe-t-il plusieurs corps de bâtiments? Ont-ils été originairement construits pour leur usage actuel? Ceux qui sont contigus ont-ils entre eux des murs de refend en pierres ou en briques? Ces murs sont-ils entièrement pleins jusqu'à la toiture, ou bien contiennent-ils des portes en bois ou en fer, ou d'autres ouvertures?

2°. Le papier se fabrique-t-il par les anciens procédés ou à la mécanique? Dans ce dernier cas, a-t-on conservé les étendages, ou bien le papier est-il séché au moyen de cylindres chauffés par la vapeur?

3°. S'il existe un étendage, y va-t-on avec de la lumière et est-il quelquefois ou habituellement chauffé?

4°. Y a-t-il une chaudière à encollage, et quelle est sa situation?

5°. L'emplacement où l'on renferme et trie le chiffon est-il d'un accès facile, ou est-il encombré? Y fait-on du feu, ou permet-on aux ouvriers l'usage des chaufferettes?

6°. Comment est chauffé le local où se fait le choix du papier?

7°. S'il existe une pompe à vapeur, est-elle adjacente ou isolée? Les fourneaux et l'appareil sont-ils en bon état?

8°. L'établissement possède-t-il des pompes à incendie ou d'autres moyens de secours? Quel secours peut-on espérer du voisinage?

9°. La somme proposée à l'assurance sur les bâtiments et le mobilier industriel représente-t-elle la valeur de construction, le prix d'achat ou la valeur vénale?

Renseignements spéciaux.

RAFFINERIES DE SUCRE.

1°. Existe-t-il plusieurs corps de bâtiments? Ont-ils été originairement construits pour leur usage actuel? Ceux qui sont contigus ont-ils entre eux des murs de refend en pierres ou en briques? Ces murs sont-ils entièrement pleins jusqu'à la toiture, ou bien contiennent-ils des portes en bois ou en fer, ou d'autres ouvertures?

2°. Quel est le nombre et la capacité des chaudières et autres appareils servant à la cuite? Comment est disposé le local qui les renferme? Ce local est-il assez vaste pour que l'ouverture du foyer (si elle est intérieure) ne puisse être en contact avec d'autres objets? Est-il assez élevé pour que la flamme ne puisse atteindre le plafond ou la charpente?

3°. La cuite s'opère-t-elle à feu nu, à la vapeur ou dans le vide?

4°. Combien y a-t-il de purgeries? Quelle est l'élévation des étages où elles sont placées? Sont-elles chauffées au moyen de la vapeur, par des calorifères ou par des poêles ordinaires? Dans ces deux derniers cas, comment la chaleur est-elle conduite dans les diverses parties des purgeries? Est-ce par des constructions en dedans ou contre les murs, ou par des tuyaux en tôle? Si l'on se sert de ceux-ci, quelles sont les précautions prises pour garantir de leur voisinage les planchers ou les charpentes, et pour prévenir le déboîtement des tuyaux?

5°. Y a-t-il une ou plusieurs étuves? Les ouvertures qui s'y trouvent pratiquées à chaque étage sont-elles fermées par des fenêtres en fer ou par des portes?

L'ouverture du foyer et les tuyaux d'ascension de la fumée sont-ils extérieurs?

La cloche qui recouvre le foyer est-elle en fonte et en bon état? Se trouve-t-il au-dessus de cette cloche une couverture en tôle ou une voûte en briques? Quelle est la distance entre les premiers rayons ou étagères? Ces derniers sont-ils en bois ou en fer et solidement assujettis?

6°. L'établissement possède-t-il des pompes à incendie ou d'autres moyens de secours? Quel secours peut-on espérer du voisinage?

7°. La somme proposée à l'assurance sur les bâtiments et le mobilier industriel représente-t-elle la valeur de construction, le prix d'achat ou la valeur vénale?

Renseignements spéciaux.

1°. Existe-t-il plusieurs corps de bâtiments? Ont-ils été originairement construits pour leur usage actuel? Ceux qui sont contigus ont-ils entre eux des murs de refend en pierres ou en briques? Ces murs sont-ils entièrement pleins jusqu'à la toiture, ou bien contiennent-ils des portes en bois ou en fer, ou d'autres ouvertures?

2°. Le fabricant est-il en même temps planteur de betteraves, ou s'approvisionne-t-il chez les cultivateurs voisins?

Dans le premier cas, les terres sont-elles sa propriété? Si elles ne lui appartiennent pas, les afferme-t-il à un taux convenable? Quel est le nombre d'hectares qu'il cultive en betteraves?

Dans le deuxième cas, quelle est la quantité (en poids) de betteraves qu'il achète annuellement?

3°. La cuite se fait-elle à la vapeur?

4°. Par quel procédé les étuves et les purgeries sont-elles chauffées?

Si c'est par des calorifères, les tuyaux qui traversent les étages sont-ils suffisamment éloignés des planchers, ou bien séparés de ces derniers par une maçonnerie suffisante? Se sert-on à la fois de calorifères et de la vapeur?

5°. Fait-on usage de cristallisoirs avec étagères ou bien de formes et pots en terre?

6°. Ne raffine-t-on pas de sucre en pains?

7°. L'établissement possède-t-il des pompes à incendie ou d'autres moyens de secours? Quel secours peut-on espérer du voisinage?

8°. La somme proposée à l'assurance sur les bâtiments et le mobilier industriel représente-t-elle la valeur de construction, le prix d'achat ou la valeur vénale?

Renseignements spéciaux.

RISQUES DIVERS

DONT L'ASSURANCE NE PEUT ÊTRE FAITE QUE PAR AUTORISATION SPÉCIALE DE LA COMPAGNIE.

(Voyez art. 46 à 49 des Instructions.)

1°. Existe-t-il plusieurs corps de bâtiments? Ceux qui sont contigus ont-ils des murs de refend en pierres ou briques? Ces murs sont-ils entièrement pleins jusqu'à la toiture, ou bien contiennent-ils des portes en bois, en fer, ou d'autres ouvertures?

2°. S'il y a des ateliers, sont-ils plafonnés, carrelés ou planchéiés?

3°. S'il existe un moteur, consiste-t-il en un manége, une machine hydraulique ou une pompe à vapeur?
Si c'est une pompe à vapeur, est-elle adjacente ou isolée? Les fourneaux et l'appareil sont-ils en bon état?

4°. Quel est le genre de chauffage et le combustible employé? Comment les poêles et les calorifères sont-ils disposés?
Les tuyaux passent-ils dans les cheminées ou à travers les planchers? Dans ce dernier cas, comment les charpentes sont-elles garanties?

5°. Comment a lieu l'éclairage?

6°. Si c'est une fabrique ou usine, possède-t-elle des pompes à incendie ou d'autres moyens de secours? Quel secours peut-on espérer du voisinage?

7°. La somme proposée à l'assurance sur les bâtiments et le mobilier industriel représente-t-elle la valeur de construction, le prix d'achat ou la valeur vénale?
S'il s'agit d'un commerce de marchandises, la somme est-elle en rapport avec l'étendue des affaires du proposant, et comment a-t-elle été établie?

Renseignements particuliers et confidentiels,

à annexer aux propositions d'assurances sur Usines, Fabriques et Risques divers, à soumettre à la Compagnie.

Agence d

Nom du proposant

Nature du risque

Date de l'envoi

1°. Depuis quelle époque l'établissement existe-t-il ? A-t-il déjà éprouvé quelque sinistre, petit ou grand ? Dans ce cas, quelle en a été la cause et qu'en est-il résulté ?	
2°. Était-il précédemment assuré par une autre Compagnie ? Dans ce cas, quel est le motif du changement ?	
3°. Le proposant est-il lui-même à la tête des travaux, ou sont-ils confiés aux soins de contre-maîtres ou de directeurs ? Les uns et les autres sont-ils soigneux et surveillants ?	
4°. L'établissement marche-t-il bien ? Ses produits se vendent-ils facilement et avec avantage ?	
5°. Quelle est la réputation du proposant ? Son crédit est-il bon ? Son entreprise paraît-elle proportionnée à sa fortune ou à ses capitaux ?	
6°. Le proposant est-il aimé de ses ouvriers ? Ne passe-t-il pas pour avoir des ennemis ?	
7°. En résumé, si vous étiez assureur pour votre propre compte, regarderiez-vous cette assurance comme bonne ? Nous conseillez-vous de la prendre, de la laisser ou de la réduire ?	

L'AGENT-DIRECTEUR,

Nota. **MM.** les Directeurs sont prévenus que l'examen de toute proposition envoyée à la Compagnie dans une autre forme que celle indiquée, et non accompagnée des renseignements ci-dessus, serait nécessairement suspendu.

[illegible] [illegible]

[illegible]

[illegible] [illegible] [illegible] [illegible]

[illegible] [illegible] [illegible] [illegible]

[illegible] [illegible] [illegible] [illegible]

[illegible] [illegible]

[illegible]

[illegible]

[illegible]

[illegible]

[illegible]

Modèle n° 4.

D^on DE ROUEN.

POLICE n° 51.

POLICE D'ASSURANCE

SUR MAISONS ET BATIMENTS.

Conditions particulières.

Le DRAGON, agissant par le fait de M.——————————, son représentant à————————
en vertu de la procuration à lui donnée par le Directeur général, suivant acte du————————
assure, aux conditions générales qui précèdent, et à celles particulières qui suivent :

A M. *Joly (Jean-Baptiste)*, *menuisier,*————————————————
demeurant à *Rouen, place Royale, n° 4, département de la Seine-Inférieure,*————————
agissant *pour son compte, comme propriétaire,*————————————————
————————————————lequel déclare avoir pris connaissance de ladite procuration,

La somme de CENT QUINZE MILLE FRANCS *sur les objets ci-après* désignés ;

SAVOIR :

	INDICATION EN CHIFFRES POUR CHAQUE RISQUE A ASSURER,		
	DU CAPITAL DE L'ASSURANCE.	DU TAUX DE LA PRIME.	DE LA SOMME PAYÉE POUR PRIME.
	f	f. c.	f. c.
1°. CENT MILLE FRANCS sur la maison qu'il occupe, située à Rouen, place Royale, n° quatre ; cette somme est répartie ainsi qu'il suit :			
Vingt-cinq mille francs sur un corps de logis à droite de l'entrée, donnant sur la rue, élevé sur caves d'un rez-de-chaussée, un étage, mansarde et greniers, servant de simple habitation, ci	25,000	» 30	7 50
Vingt-cinq mille francs sur un corps de bâtiment, à gauche de l'entrée, élevé comme le précédent, et occupé par M. Delamarre, épicier, ci	25,000	» 40	10 »
Cinquante mille francs sur un bâtiment situé au milieu de la cour, sans aucune communication avec les précédents, consistant en un rez-de-chaussée, un étage et greniers, et dans lequel sont placés des ateliers de menuiserie, ci . . .	50,000	» 60	30 »
Ces trois bâtiments sont construits en pierres, moellons, et couverts en ardoises.			
2°. DIX MILLE FRANCS sur une maison située audit Rouen, Grande-Rue, n° dix-neuf, élevée sur caves, composée d'un rez-de-chaussée, deux étages et greniers, construite en briques et pans de bois, couverte en tuiles, occupée par le sieur Jérôme, rentier, ci	10,000	» 50	5 »
3°. CINQ MILLE FRANCS sur une maison de campagne, occupée par M. Joly, située à Auplet, arrondissement de Rouen, construite en moellons et couverte en tuiles, ci	5,000	» 40	2 »
TOTAUX.	115,000	»	54 50

M. Joly_________________________déclare que *les bâtiments* désignés d'autre part *sont* construits et couverts *ainsi qu'il y est dit*, ____ qu'il n'y est exercé *aucunes* professions dangereuses, *autres que celles de menuisier et d'épicier*, ____et qu'il n'y existe pas de marchandises hasardeuses, *autres que des eaux-de-vie et liqueurs au-dessous de 22 degrés*._____________

La présente assurance est faite pour *dix ans*, à partir *de demain*,_____________________ à midi, moyennant la prime détaillée d'autre part, faisant la somme de *cinquante-quatre francs cinquante centimes*, que l'assuré s'oblige à payer le *trois novembre* de chaque année.

Les conditions imprimées et manuscrites de la présente police ne pourront, dans aucun cas, être réputées comminatoires; elles sont ainsi convenues et arrêtées entre les parties, pour être exécutées de bonne foi.

Fait *triple*, à *Rouen*, le *deux novembre* mil huit cent *quarante-deux*.

L'Assuré.

Pour la Compagnie,
L'Agent fondé de Pouvoirs,

Modèle n° 5.

D^{on} DE ROUEN.

—

Police n° 65.

POLICE D'ASSURANCE

D'UN BATIMENT

AVEC RENONCIATION AUX RECOURS SUR LES LOCATAIRES, ET REPRISE SUR UNE SOCIÉTÉ MUTUELLE.

Conditions particulières.

Le Dragon, agissant par le fait de M.___________, son représentant à.___________
en vertu de la procuration à lui donnée par le Directeur général, suivant acte du ___________
assure, aux conditions générales qui précèdent et à celles particulières qui suivent :

A M. *Godard (Théophile), propriétaire,* ___________
demeurant à *Rouen, rue du Renard, n° 4, département de la Seine-Inférieure,* ___________
agissant *pour son compte, comme propriétaire,* ___________ ___________
___________ lequel déclare avoir pris connaissance de ladite procuration,

	INDICATION EN CHIFFRES		
	POUR CHAQUE RISQUE A ASSURER,		
	DU CAPITAL DE L'ASSURANCE.	DU TAUX DE LA PRIME.	DE LA SOMME PAYÉE POUR PRIME.
	f.	f. c.	f. c.
La somme de CENT MILLE FRANCS sur une maison élevée sur caves, d'un rez-de-chaussée, quatre étages et combles, renfermant un magasin d'épicerie, sise à Rouen, rue du Renard, n° quatre, ci.	100,000	» 75	75 »
Au moyen de la prime stipulée ci-dessus, la Compagnie renonce, en faveur des locataires de M. Godard, au recours qu'elle pourrait exercer contre eux, aux termes des articles 1733 et 1734 du Code civil, comme subrogée aux droits du propriétaire, par l'article 24 des conditions générales de la présente *.			
Pour se conformer aux dispositions de l'article 11 des conditions générales de la présente police, M. Godard déclare avoir fait assurer une somme de cent mille francs sur la maison ci-dessus désignée par la Compagnie mutuelle d'assurance *la Normandie*, dont le siége est à Rouen, suivant police n° 705, en date du 12 mars 1838.			
M. Godard substitue, par ces présentes, la Compagnie *le Dragon*, qui l'accepte, dans les charges et obligations auxquelles il est et pourra être tenu en raison de ladite police, et lui transporte aussi par ces présentes tous les droits et actions qui peuvent ou pourront lui appartenir contre ladite Société mutuelle, résultant de la même police, pour recevoir de cette Société toutes indemnités en cas d'incendie.			
A cet effet, M. Godard a remis à la Compagnie *le Dragon*, la police dont s'agit, et s'engage en outre à lui remettre, s'il en est besoin, à sa première réquisition, une procuration et toutes autres pièces nécessaires pour stipuler et poursuivre ses droits dans toute leur étendue contre ladite association mutuelle.			
Totaux.	100,000	» »	75 »

* La renonciation ci-dessus se fait moyennant une augmentation d'un quart de la prime du bâtiment.

M. *Godard*———————————————————*déclare que* la maison désignée d'autre part *est* construite *en pierres, plâtre et pans de bois,* couverte *en tuiles,*—————————————————— ——————————————————— *qu'il n'y est exercé* aucune *profession dangereuse,* autre que celle d'épicier,—————————————— et qu'il n'y existe pas de marchandises hasardeuses, *autres que celles relatives au commerce d'épiceries.*————————————

La présente assurance est faite pour *dix ans,* à partir du douze mars *mil huit cent* quarante-trois, ————————— à midi, moyennant la prime détaillée d'autre part, faisant la somme de *soixante-quinze francs,* que l'assuré s'oblige à payer le *douze mars* de chaque année.

Les conditions imprimées et manuscrites de la présente police ne pourront, dans aucun cas, être réputées comminatoires ; elles sont ainsi convenues et arrêtées entre les parties, pour être exécutées de bonne foi.

Fait *triple,* à *Rouen,* le *vingt-neuf décembre* mil huit cent *quarante-deux.*

L'Assuré,

Pour la Compagnie,
L'Agent fondé de Pouvoirs,

Modèle N° 6.

D^{on} DE ROUEN.

Police N° 52.

POLICE D'ASSURANCE

SUR MOBILIER PERSONNEL,

RISQUE LOCATIF ET DE VOISIN.

Conditions particulières.

Le Dragon, agissant par le fait de M. _______________, son représentant à _______
en vertu de la procuration à lui donnée par le Directeur général, suivant acte du_______
assure aux conditions générales qui précèdent et à celles particulières qui suivent :

A M. *Perrot (Auguste)*, *propriétaire*, _________________________
demeurant à Rouen, rue du Marché, n° 5 (Seine-Inférieure), ________________
agissant pour son compte comme locataire, ____________________
______________________ lequel déclare avoir pris connaissance de ladite procuration,

	INDICATION EN CHIFFRES POUR CHAQUE RISQUE A ASSURER,		
La somme de SOIXANTE MILLE FRANCS *sur les objets ci-après* désignés ; SAVOIR :	DU CAPITAL DE L'ASSURANCE.	DU TAUX DE LA PRIME.	DE LA SOMME payée POUR PRIME.
	f.	f. c.	f. c.
1°. TRENTE MILLE FRANCS sur son mobilier personnel, réparti aux 1er et 2e étages de la maison qu'il habite, sise à Rouen, rue du Rempart-Belle-Isle, n° quinze. Ledit mobilier, composé de meubles meublants, glaces, pendules, ornements, tapis, tentures, bibliothèque (manuscrits exceptés), bijoux et argenterie, linge de table et de corps, cachemires, effets d'habillements, ustensiles de cuisine et provisions diverses, ci.	30,000	» 70	21 »
Dans cette somme, l'argenterie de table, les bijoux, les cachemires et la bibliothèque sont compris pour celle de cinq mille francs.			
2°. QUINZE MILLE FRANCS sur son risque locatif dans ladite maison, ci.	15,000	» 30	4 50
3°. QUINZE MILLE FRANCS pour le garantir du recours des voisins de la même maison, ci.	15,000	» 20	3 »
TOTAUX.	60,000	» »	28 50

M. *Perrot* déclare que *la maison* désignée d'autre part *est* construite *en pierres*, *moellons et pans de bois*, couverte *en tuiles*, _______________________________________

qu'il n'y est exercé *aucune* profession dangereuse, _______________________________

et qu'il n'y existe pas de marchandises hasardeuses. ______________________________

La présente assurance est faite pour *dix ans*, à partir *de demain*, _______________
à midi, moyennant la prime détaillée d'autre part, faisant la somme de *vingt-huit francs cinquante centimes*, que l'assuré s'oblige à payer *le cinq novembre* de chaque année.

Les conditions imprimées et manuscrites de la présente police ne pourront, dans aucun cas, être réputées comminatoires ; elles sont ainsi convenues et arrêtées entre les parties, pour être exécutées de bonne foi.

Fait *triple*, à *Rouen*, le *quatre novembre* mil huit cent *quarante-deux*.

L'Assuré,   *Pour la Compagnie,*
                                                                                 L'agent fondé de Pouvoirs.

Modèle N° 7.

D^{on} DE ROUEN.

—

POLICE N° 53.

POLICE D'ASSURANCE

SUR MARCHANDISES ORDINAIRES,

MOBILIERS INDUSTRIEL ET PERSONNEL.

Conditions particulières.

LE DRAGON, agissant par le fait de M. ——————————, son représentant à——————
en vertu de la procuration à lui donnée par le Directeur général, suivant acte du ——————
assure, aux conditions générales qui précèdent et à celles particulières qui suivent :

A M. *Berton (Pierre-Louis), marchand de draps et de nouveautés,* ————————
demeurant *à Rouen, rue Grand-Pont, n° 17 (Seine-Inférieure),*————————————
agissant *pour son compte comme propriétaire ,*————————————————————
————————————————lequel déclare avoir pris connaissance de la susdite procuration ,

La somme de SOIXANTE-DIX MILLE FRANCS *sur les objets ci-après désignés ;*

SAVOIR :

	INDICATION EN CHIFFRES		
	POUR CHAQUE RISQUE A ASSURER,		
	DU CAPITAL DE L'ASSURANCE.	DU TAUX DE LA PRIME.	DE LA SOMME payée POUR PRIME.
	f.	f. c.	f. c.
1°. CINQUANTE MILLE FRANCS sur draps, casimirs, mérinos, mousselines de laine, calicots, percales, toiles blanches et imprimées, jaconats, mousselines, batistes, linons, madapolams, coutils et toutes les marchandises de son commerce ci-dessus désigné, ci.	50,000	» 90	45 »
2°. CINQ MILLE FRANCS sur tulles, blondes, dentelles et broderies, ci.	5,000	2 »	10 »
3°. CINQ MILLE FRANCS sur comptoirs, rayons, casiers, cartons, glaces, montres et devantures vitrées, et tous les objets en général composant son mobilier industriel, ci.	5,000	» 90	4 50
4°. DIX MILLE FRANCS sur son mobilier personnel, composé de meubles meublants, glaces, pendules, ornements, tapis, tentures, rideaux, lits, linge, effets d'habillement, ustensiles et provisions de ménage; dans cette somme de dix mille francs, l'argenterie de table et les bijoux sont compris pour une somme de quinze cents francs, ci.	10,000	» 90	9 »
Le tout situé au rez-de-chaussée, au premier étage et dans les caves d'une maison sise à Rouen, rue Grand-Pont, n° dix-sept.			
TOTAUX.	70,000	» »	68 50

M. *Berton*____déclare que *la maison* désignée d'autre part *est* construite *en pierres , moellons et pans de bois* , couverte *en tuiles ou ardoises ,* ___________________ qu'il n'y est exercé *aucune* profession dangereuse , __________ _ ____ ______ _______________________ et qu'il n'y existe pas de marchandises hasardeuses. __________ _____________________________________

La présente assurance est faite pour *quatorze ans* , à partir *du vingt-huit novembre courant ,* ___________ à, midi , moyennant la prime détaillée d'autre part faisant la somme de *soixante-huit francs cinquante centimes ,* que l'assuré s'oblige à payer *le vingt-huit novembre* de chaque année.

Les conditions imprimées et manuscrites de la présente police ne pourront, dans aucun cas, être réputées comminatoires ; elles sont ainsi convenues et arrêtées entre les parties, pour être exécutées de bonne foi.

        Fait *triple ,* à *Rouen ,* le *six novembre* mil huit cent *quarante-deux.*

L'Assuré ,   *Pour la Compagnie ,*

                                          L'Agent fondé de Pouvoirs.

Modèle Nº 8.

Dᵒⁿ *DE ROUEN.*

POLICE Nº 63.

POLICE D'ASSURANCE

SUR MARCHANDISES ORDINAIRES,

MOBILIERS INDUSTRIEL ET PERSONNEL, RISQUES LOCATIFS ET DE VOISINS,

AVEC REPRISE SUR UNE COMPAGNIE A PRIMES FIXES.

Conditions particulières.

Le Dragon, agissant par le fait de M. ________________, son représentant à ________
en vertu de la procuration à lui donnée par le Directeur Général, suivant acte du __________
assure aux conditions générales qui précèdent, et à celles particulières qui suivent :

A M. *Érard (Jacques)*, *marchand épicier en demi-gros*, ________________
demeurant à *Rouen, rue Notre-Dame, nº 30 (Seine-Inférieure),* ________________
agissant *pour son compte, comme locataire,* ________________
________________ lequel déclare avoir pris connaissance de la susdite procuration,

La somme de SOIXANTE-QUINZE MILLE FRANCS *sur les objets ci-après* désignés ;

SAVOIR :

	INDICATION EN CHIFFRES POUR CHAQUE RISQUE A ASSURER ;		
	DU CAPITAL DE L'ASSURANCE.	DU TAUX DE LA PRIME.	DE LA SOMME PAYÉE POUR PRIME.
	f.	f. c.	f. c.
1°. VINGT MILLE FRANCS sur marchandises, consistant en sucres, cafés, thés, esprits, eaux-de-vie et liqueurs au-dessous de 22 degrés, savon, chandelles, bougies, et en général sur toutes les marchandises de son commerce d'épiceries, ci. . . .	20,000	» 90	18 »
2°. CINQ MILLE FRANCS sur comptoirs, balances, poids, mesures, bascules, casiers et tous ustensiles composant le mobilier industriel à l'usage de sondit commerce, et réparti, ainsi que les marchandises, dans un magasin et arrière-magasin, au rez-de-chaussée de la maison qu'il habite, rue Notre-Dame, nº 30, à Rouen, ci.	5,000	» 90	4 50
3°. DIX MILLE FRANCS sur son mobilier personnel, meublant et décorant l'appartement qu'il occupe au premier étage de ladite maison. Ledit mobilier se compose de meubles, glaces, pendules, ornements, tapis, lits, linge, effets d'habillement et ustensiles de cuisine, ci.	10,000	» 90	9 »
4°. VINGT MILLE FRANCS sur risque locatif dans ladite maison, ci.	20,000	» 30	6 »
5°. VINGT MILLE FRANCS pour le garantir du recours des voisins de la même maison, ci.	20,000	» 20	4 »
Pour se conformer aux dispositions de l'art. 11 des Conditions générales de la présente, M. Érard déclare avoir déjà fait assurer par la *Compagnie royale* d'assu-			
TOTAUX.	75,000	» »	41 50

rance, suivant police n° 462, en date, à Rouen, du 25 décembre 1840, souscrite pour cinq ans, une somme de CINQUANTE-DEUX MILLE FRANCS, répartie comme suit, savoir :

1°. DOUZE MILLE FRANCS sur marchandises ;
2°. CINQ MILLE FRANCS sur mobilier industriel;
3°. CINQ MILLE FRANCS sur mobilier personnel ;
4°. QUINZE MILLE FRANCS sur risque locatif ;
5°. QUINZE MILLE FRANCS sur recours des voisins.

Par suite, il demeure convenu que la Compagnie *le Dragon* se met, à partir de demain, aux lieu et place de M. Érard pour supporter toutes les charges et obligations auxquelles il est ou pourra être tenu envers ladite *Compagnie royale*, en raison de ladite police.

De son côté, M. Érard transporte, par ces présentes, à la Compagnie *le Dragon* tous les droits et actions qui peuvent ou pourront lui appartenir contre ladite *Compagnie royale*, résultant de la police précitée, et notamment pour répéter de cette Société toutes indemnités en cas d'incendie.

Et à cet effet, M. Érard a remis (ou s'engage à remettre) à la Compagnie *le Dragon* la police dont il s'agit, et s'engage, en outre, à lui remettre au besoin une procuration et toutes autres pièces nécessaires pour stipuler ses droits dans toute leur étendue contre ladite *Compagnie royale*.

Tous pouvoirs sont donnés par M. Érard, à la Compagnie *le Dragon*, pour faire en son nom, à la *Compagnie royale*, telles déclarations qui pourraient lui être prescrites par la police précitée de cette dernière Compagnie, et en poursuivre les conséquences.

Bien que la présente assurance soit consentie au taux de 90 cent. pour 0/00, M. Érard payera néanmoins, jusqu'à l'expiration de la police de la *Compagnie royale*, en raison du taux qui y est stipulé, une somme de quarante-trois francs soixante-dix centimes, résultant du détail ci-dessous :

22,000 f.	à	1 f. » c.	22 f.	» c.
13,000	à	» 90	11	70
20,000	à	» 30	6	»
20,000	à	» 20	4	»
TOTAUX. . . . 75,000 f.			43 f.	70 c.

M. *Érard* déclare que *la maison* désignée d'autre part *est* construite *en pierres et moellons,* couverte *en tuiles ,*————————————————————

qu'il n'y est exercé *aucune* profession dangereuse *,*————————————————

et qu'il n'y existe pas de marchandises hasardeuses *, autres que les siennes.* ————————

La présente assurance est faite pour *dix ans ,* à partir de *demain,*————————

à midi, moyennant la prime détaillée ci-dessus ; faisant la somme de *quarante-trois francs soixante-dix centimes ,* que l'assuré s'oblige à payer *le premier juillet* des années 1842, 1843 et 1844, et celle de *quarante et un francs cinquante centimes ,* détaillée d'autre part, qu'il s'oblige à payer *le premier juillet* des années 1845, 1846, 1847, 1848, 1849, 1850 et 1851.

Les conditions imprimées et manuscrites de la présente police ne pourront, dans aucun cas, être réputées comminatoires ; elles sont ainsi convenues et arrêtées entre les parties, pour être exécutées de bonne foi.

Fait *triple,* à *Rouen,* le *vingt-cinq décembre* mil huit cent *quarante-deux.*

L'Assuré,   *Pour la Compagnie ,*

L'Agent fondé de Pouvoirs,

Modèle n° 9.

D^{on} DE ROUEN.

—

Police n° 52.

POLICE D'ASSURANCE

SUR MAISONS,

MARCHANDISES ORDINAIRES ET MOBILIER INDUSTRIEL.

Conditions particulières.

Le Dragon, agissant par le fait de M. _______________ , son représentant à _______________
en vertu de la procuration à lui donnée par le Directeur Général, suivant acte du_______________
assure, aux conditions générales qui précèdent, et à celles particulières qui suivent :

A M. *Martel (Joas)*, *menuisier,* _______________
demeurant à *Rouen, place de la Comédie, n° 4 (Seine-Inférieure),* _______________
agissant *pour son compte, comme propriétaire,* _______________
_______________lequel déclare avoir pris connaissance de la susdite procuration,

La somme de QUARANTE ET UN MILLE FRANCS *sur les objets ci-après*
désignés ;

SAVOIR :

	INDICATION EN CHIFFRES POUR CHAQUE RISQUE A ASSURER,		
	DU CAPITAL DE L'ASSURANCE.	DU TAUX DE LA PRIME.	DE LA SOMME PAYÉE POUR PRIME.
	f.	f. c.	f. c.
1°. VINGT MILLE FRANCS sur une maison construite en pierres, moellons et pans de bois, couverte en tuiles, élevée d'un rez-de-chaussée, d'un étage et grenier, sise à Rouen, rue du Dauphin, n° 5, ci.	20,000	» 40	8 »
2°. MILLE FRANCS sur un hangar construit et couvert en planches, adossé à ladite maison, et servant de magasin de bois, ci.	1,000	3 50	3 50
3°. DIX MILLE FRANCS sur bois bruts et confectionnés, bois de placage, bois des îles, meubles et toutes les marchandises de sa profession de menuisier, ci.	10,000	1 25	12 50
4°. CINQ MILLE FRANCS sur établis, varlets, varlopes, scies, rabots, sergents, pinces, marteaux, guillaume, bédanes, ciseaux, outils à moulure, et en général sur tous les ustensiles composant le mobilier industriel de sadite profession, ci.	5,000	1 25	6 25
5°. CINQ MILLE FRANCS sur son mobilier personnel, composé de meubles meublants, glaces, pendules, ornements, lits, linge, effets d'habillement, ustensiles et provisions de ménage, ci.	5,000	1 25	6 25
TOTAUX.	41,000	» »	36 50

Le mobilier personnel est réparti au premier étage de la maison ci-dessus désignée, le mobilier industriel au rez-de-chaussée, et les marchandises partie au rez-de-chaussée et partie sous le hangar assuré en l'article 2.

M. *Martel* déclare que *la maison et le hangar* désignés d'autre part sont construits et couverts ainsi qu'il y est dit, ____

qu'il n'y est exercé *aucune* profession dangereuse *autre que la sienne*, _______________

et qu'il n'y existe pas de marchandises hasardeuses, *autres que les bois assurés*._________

La présente assurance est faite pour *dix ans*, à partir du *quinze février* mil huit cent *quarante-trois*, _______________________ à midi, moyennant la prime détaillée d'autre part, faisant la somme de *trente-six francs cinquante centimes*, que l'assuré s'oblige à payer le *quinze février* de chaque année.

La Compagnie fait remise de la prime de la dernière année.

Les conditions imprimées et manuscrites de la présente police ne pourront, dans aucun cas, être réputées comminatoires; elles sont ainsi convenues et arrêtées entre les parties pour être exécutées de bonne foi.

Fait *triple* à *Rouen*, le *quinze novembre* mil huit cent *quarante-deux*.

L'Assuré,   *Pour la Compagnie,*

L'Agent fondé de Pouvoirs,

Modèle N° 10.

D^{on} DE ROUEN.

—

POLICE N° 55.

POLICE D'ASSURANCE

SUR MARCHANDISES HASARDEUSES

ET DOUBLEMENT HASARDEUSES.

Conditions particulières.

LE DRAGON, agissant par le fait de M. _____________ , son représentant à _______
en vertu de la procuration à lui donnée par le Directeur Général, suivant acte du _______
assure aux conditions générales qui précèdent, et à celles particulières qui suivent :

A M. *Léoni (Gustave)*, *entrepositaire*, _______________
demeurant à *Rouen, rue Neuve, n° 5 (Seine-Inférieure)*, _______________
agissant pour *son compte et celui de qui il appartiendra*, _______________
_______________ lequel déclare avoir pris connaissance de la susdite procuration,

	INDICATION EN CHIFFRES POUR CHAQUE RISQUE A ASSURER,		
	DU CAPITAL DE L'ASSURANCE.	DU TAUX DE LA PRIME.	DE LA SOMME PAYÉE POUR PRIME.
	f.	f. c.	f. c.

La somme de TRENTE-CINQ MILLE FRANCS *sur les objets ci-après* désignés ;

SAVOIR :

1°. VINGT-CINQ MILLE FRANCS sur marchandises de diverses natures, telles que huiles, laines en suint, chanvre, brai, résine, liqueurs, vins, goudron, et sur toutes les marchandises simplement hasardeuses qui existent ou pourront exister dans un magasin situé à Rouen, rue Neuve, n° 5, ci . . . . | 25,000 | 1 25 | 31 25

2°. DIX MILLE FRANCS sur soufre, essence, vernis, esprits, eaux-de-vie, qui existent où pourront exister dans un autre magasin, entièrement isolé, situé au fond du terrain dépendant de la maison ci-dessus désignée, ci . . . . | 10,000 | 2 75 | 27 50

TOTAUX . . . . | 35,000 | » | 58 75

M. *Léoni* déclare que *les magasins désignés d'autre part sont construits en pierres, moellons et pans de bois, couverts en ardoises et tuiles;* ____________

qu'il n'y est exercé *aucune* profession dangereuse *autre que la sienne,* ____________

et qu'il n'y existe pas de marchandises hasardeuses, *autres que celles assurées.*

La présente assurance est faite pour *neuf ans quatre mois neuf jours* à partir *de demain* ____________ à midi, moyennant la prime détaillée d'autre part, faisant la somme de *cinquante-huit francs soixante-quinze centimes,* que l'assuré s'oblige à payer le *trente et un mars* de chaque année, et celle de *vingt francs dix centimes,* que M. *Léoni* payera comptant pour les *quatre mois et neuf jours* à courir du *vingt et un novembre* courant au *trente et un mars* mil huit cent *quarante-trois.*

Les conditions imprimées et manuscrites de la présente police ne pourront, dans aucun cas, être réputées comminatoires ; elles sont ainsi convenues et arrêtées entre les parties pour être exécutées de bonne foi.

Fait *triple* à *Rouen,* le *vingt novembre* mil huit cent *quarante-deux.*

L'Assuré,

Pour la Compagnie,

L'Agent fondé de Pouvoirs,

Modèle N° 11.

D^{on} DE ROUEN.

POLICE N° 56.

POLICE D'ASSURANCE

SUR MAISON, FERME, RÉCOLTES ET BESTIAUX.

Conditions particulières.

LE DRAGON, agissant par le fait de M.___________________, son représentant à ___________ en vertu de la procuration à lui donnée par le Directeur Général, suivant acte du___________

assure, aux conditions générales qui précèdent, et à celles particulières qui suivent :

A M. *Byron* (*Hector*), *cultivateur,* ___________________

demeurant à *Bapaume, arrondissement de Rouen* (*Seine-Inférieure*) , ___________

agissant *pour son compte comme propriétaire,*___________________

___________________lequel déclare avoir pris connaissance de la susdite procuration,

La somme de SOIXANTE-SEIZE MILLE CINQ CENTS FRANCS , *sur les objets ci-après désignés ;*

SAVOIR :

	INDICATION EN CHIFFRES POUR CHAQUE RISQUE A ASSURER,		
	DU CAPITAL DE D'ASSURANCE.	DU TAUX DE LA PRIME.	DE LA SOMME PAYÉE POUR PRIME.
	f.	f. c.	f. c.
1°. DIX MILLE FRANCS sur un bâtiment servant uniquement d'habitation, entièrement isolé, élevé sur caves d'un rez-de-chaussée, un étage, mansarde et grenier au-dessus, construit en pierres, moellons, sable et chaux, couvert en tuiles, situé à Bapaume, au lieu dit le Poirier, ci.	10,000	» 50	5 »
2°. QUATRE MILLE FRANCS sur blé et avoine battus et autres grains, dans le grenier dudit corps de logis, ci.	4,000	1 10	4 40
3°. HUIT MILLE FRANCS sur une grange aussi construite en pierres, moellons, sable et chaux, et couverte en tuiles, ci.	8,000	1 10	8 80
4°. DIX MILLE FRANCS sur blé et avoine en gerbes, et sur paille dans ladite grange, ci.	10,000	1 10	11 »
5°. CINQ MILLE FRANCS sur un bâtiment divisé en deux parties, isolé des deux précédents, faisant face au corps de logis, de l'autre côté de la cour, construit en pierres et couvert en chaume, servant d'étable et d'écurie, ci.	5,000	2 50	12 50
6°. TROIS MILLE FRANCS sur chevaux renfermés dans ladite écurie, ci.	3,000	3 50	10 50
7°. CINQ MILLE FRANCS sur bêtes à cornes dans l'étable, ci.	5,000	3 50	17 50
8°. QUATRE MILLE FRANCS sur foin et fourrages dans les greniers des écuries et étable, ci.	4,000	3 50	14 »
9°. QUATRE MILLE FRANCS sur une bergerie, située sur la même ligne que le bâtiment d'habitation , dont elle est séparée par une porte d'entrée non couverte ; cette bergerie est construite en pierres et moellons, couverte en tuiles, ci.	4,000	1 10	4 40
10°. TROIS MILLE FRANCS sur moutons, agneaux et brebis dans la bergerie, ci.	3,000	1 10	3 30
11°. DEUX MILLE FRANCS sur foin et fourrages dans le grenier au-dessus de la bergerie, ci.	2,000	1 10	2 20
À REPORTER.	58,000	»	93 60

	INDICATION EN CHIFFRES POUR CHAQUE RISQUE A ASSURER,		
	DU CAPITAL DE L'ASSURANCE.	DU TAUX DE LA PRIME.	DE LA SOMME PAYÉE POUR PRIME.
	f.	f. c.	f c.
REPORT D'AUTRE PART.	58,000	»	93 60
12°. MILLE FRANCS sur un petit bâtiment isolé, placé entre la grange et l'étable, construit en pierres et moellons, couvert en chaume, servant de toit à porcs et de poulailler, ci.	1,000	2 50	2 50
13°. QUINZE CENTS FRANCS sur porcs dans ledit bâtiment, ci	1,500	3 50	5 25
14°. DEUX MILLE CINQ CENTS FRANCS sur une charreterie construite sur poteaux en bois et couverte en tuiles, située vis-à-vis de la grange, à l'autre extrémité de la cour, ci.	2,500	3 50	8 75
15°. DEUX MILLE FRANCS sur les ustensiles aratoires, parmi lesquels se trouvent deux charrettes placées dans les diverses parties de la ferme, mais principalement sous la charreterie, ci.	2,000	3 50	7 50
16°. CINQ MILLE FRANCS sur une meule de blé placée dans un champ vis-à-vis de la ferme, ci	5,000	3 50	17 50
17°. DEUX MILLE CINQ CENTS FRANCS sur une meule d'avoine placée dans le même champ, ci. . . . . , .	2,500	3 50	8 75
18°. QUATRE MILLE FRANCS sur une meule de foin placée dans un verger attenant à la ferme, ci.	4,000	3 50	14 »
TOTAUX.	76,500	» »	157 85

L'assuré déclare que la maison d'habitation est séparée des bâtiments d'exploitation par un espace de 12 pieds, et quelle ne renferme ni fourrages ni récoltes non battues.

Il est entendu que les bestiaux assurés par la présente ne sont garantis que pendant leur séjour dans les bâtiments ci-dessus désignés.

M. *Byron* déclare que *les bâtiments désignés d'autre part sont construits et couverts ainsi qu'il est dit ci-contre et ci-dessus,* ————————————————————————————————————
qu'il n'y est exercé que la profession de *cultivateur,* ————————————————————————————
et qu'il n'y existe pas de marchandises hasardeuses, *autres que les denrées susmentionnées.*

La présente assurance est faite pour *douze ans*, à partir *du quatre avril* mil huit cent *quarante-trois*, ————————————————————à midi, moyennant la prime détaillée d'autre part, faisant la somme de *cent cinquante-sept francs quatre-vingt-cinq centimes*, que l'assuré s'oblige à payer le *quatre avril* de chaque année.

La Compagnie fait remise de la prime de la dernière année.

Les conditions imprimées et manuscrites de la présente police ne pourront, dans aucun cas, être réputées comminatoires; elles sont ainsi convenues et arrêtées entre les parties, pour être exécutées de bonne foi.

Fait *triple* à *Rouen*, le *vingt-huit novembre* mil huit cent *quarante-deux*.

L'Assuré,

Pour la Compagnie,

L'Agent fondé de Pouvoirs,

Modèle n° 12.

D^{on} DE ROUEN.

—

Police n° 57.

POLICE D'ASSURANCE

SUR USINE,

AVEC DÉDUCTION D'UN CINQUIÈME.

Conditions particulières.

Le Dragon, agissant par le fait de M.________________, son représentant à__________ en vertu de la procuration à lui donnée par le Directeur général, suivant acte du__________ assure, aux conditions générales qui précèdent, et à celles particulières qui suivent :

A M. *Androuët (Louis-Antony)*, *raffineur de sucre,*________________ demeurant à *Rouen*, *faubourg Saint-Hilaire*, *n° 32 (Seine-Inférieure)*, __________ agissant pour *son compte comme propriétaire*,________________ ________________lequel déclare avoir pris connaissance de la susdite procuration ,

La somme de CENT CINQUANTE-DEUX MILLE FRANCS, sur celle de CENT QUATRE-VINGT-DIX MILLE FRANCS, qui est *répartie comme suit;*

SAVOIR :

1°. CINQUANTE MILLE FRANCS sur un bâtiment situé à Rouen, faubourg St-Hilaire, n° 32, composé de deux corps de logis, l'un ayant face sur la rue, élevé sur cave d'un rez-de-chaussée, un étage et grenier au-dessus, à usage de simple habitation ; l'autre en retour d'équerre du précédent, élevé sur caves d'un rez-de-chaussée et trois étages, servant à l'exploitation d'une raffinerie de sucre, dont la cuite se fait à la vapeur dans le vide, ci.

2°. DIX MILLE FRANCS sur son mobilier personnel, composé de meubles meublants, glaces, pendules, ornements, rideaux, lits, linge, effets d'habillement, ustensilés de ménage et de cuisine ; ledit mobilier réparti au rez-de-chaussée et au premier étage de la maison d'habitation, ci.

3°. QUINZE MILLE FRANCS sur une machine à vapeur, de la force de dix chevaux, et tous les accessoires qui en dépendent, ci.

4°. TRENTE-CINQ MILLE FRANCS sur chaudières, cuves, formes, pots, bassines, tonneaux, barriques, fourneaux et tous les ustensiles, en général, à l'usage d'une raffinerie de sucre, ci.

5°. DIX MILLE FRANCS sur tourbe, noir animal, chaux et toutes les matières premières propres au raffinage du sucre, ci.

6°. VINGT MILLE FRANCS sur sucres bruts, terrés, lumps, vergeoises, sirops, mélasse, et toutes les marchandises fabriquées et en fabrication, ci.

7°. VINGT MILLE FRANCS sur sucres raffinés, ci.

Les objets assurés par les articles 3, 4, 5, 6 et 7, existent, ou pourront exister, au rez-de-chaussée, premier, deuxième et troisième étage du corps de logis ci-dessus désigné.

8°. TRENTE MILLE FRANCS sur recours des voisins de la maison assurée en l'article 1er.

La Compagnie ne répondant, pour les objets assurés par les articles 1, 2, 3, 4, 5, 6 et 7 des conditions particulières de la présente, que des quatre cinquièmes des dommages, il convient de déduire du capital assuré la somme de trente-huit mille francs, ci.

Et de la prime annuelle, celle de cent quatre-vingt-douze francs, ci.

En conséquence, le capital garanti ne sera que de cent cinquante-deux mille francs, ainsi qu'il a été dit précédemment, et la prime annuelle, à payer par M. Androuët, sera de sept cent soixante-huit francs.

	INDICATION EN CHIFFRES POUR CHAQUE RISQUE A ASSURER,		
	DU CAPITAL DE L'ASSURANCE.	DU TAUX DE LA PRIME.	DE LA SOMME PAYÉE POUR PRIME.
	f.	f. c.	f. c.
1°	50,000	4 50	225 »
2°	10,000	6 »	60 »
3°	15,000	6 »	90 »
4°	35,000	6 »	210 »
5°	10,000	6 »	90 »
6°	20,000	6 »	120 »
7°	20,000	6 »	120 »
8°	30,000	1 50	45 »
	190,000	»	960 »
	38,000	»	»
	»	»	192 »
RESTE NET	152,000	» »	768 »

M. *Androuët* déclare que les *bâtiments* désignés d'autre part, *sont* construits *en pierres*, *moellons et pans de bois*, couverts *en ardoises*, ____

qu'il n'y est exercé d'autre profession dangereuse que celle de *raffineur de sucre*, ______________

et qu'il n'y existe pas de marchandises hasardeuses, *autres que celles nécessaires à sa profession*.

La présente assurance est faite pour *dix ans*, à partir *de demain*, ______________ à midi, moyennant la prime détaillée d'autre part, faisant la somme de *sept cent soixante-huit francs*, que l'assuré s'oblige à payer le *premier décembre* de chaque année. La Compagnie fait remise de la prime de la dernière année.

Les conditions imprimées et manuscrites de la présente police ne pourront, dans aucun cas, être réputées comminatoires ; elles sont ainsi convenues et arrêtées entre les parties, pour être exécutées de bonne foi.

Fait *triple*, à *Rouen*, le *trente novembre* mil huit cent *quarante-deux*.

L'Assuré ,   *Pour la Compagnie* ,

L'Agent fondé de Pouvoirs ,

Modèle N° 13.

D^{on} DE ROUEN.

POLICE N° 58.

POLICE D'ASSURANCE

SUR FORGES,

AVEC DÉDUCTION D'UN CINQUIÈME.

Conditions particulières.

Le Dragon, agissant par le fait de M. ________________, son représentant à ________
en vertu de la procuration à lui donnée par le Directeur général, suivant acte du ________
assure aux conditions générales qui précèdent et à celles particulières qui suivent :

A M. *Garat, maître de forges ;* ____
demeurant à *Déville, arrondissement de Rouen (Seine-Inférieure),* ____________
agissant pour *son compte comme propriétaire,* ____________________________________
________________________ lequel déclare avoir pris connaissance de la susdite procuration,

La somme de CENT CINQUANTE-DEUX MILLE DEUX CENTS FRANCS, sur celle de CENT SOIXANTE-QUINZE MILLE FRANCS, *sur les objets ci-après désignés ;*

SAVOIR :

	INDICATION EN CHIFFRES POUR CHAQUE RISQUE A ASSURER,		
	DU CAPITAL DE L'ASSURANCE.	DU TAUX DE LA PRIME.	DE LA SOMME payée POUR PRIME.
	f.	f. c.	f. c.
1°. VINGT CINQ MILLE FRANCS sur une maison d'habitation, élevée sur caves d'un rez-de-chaussée, un étage et grenier, construite en pierres et moellons, et couverte en ardoises, ci.	25,000	» 40	10 »
2°. SEPT MILLE FRANCS sur son mobilier personnel, réparti dans ladite maison, et composé de meubles meublants, glaces, pendules, ornements, lits, linge, effets d'habillement, ustensiles et provisions de ménage (dans cette somme l'argenterie de table et les bijoux sont compris pour une somme de deux mille francs), ci.	7,000	» 90	6 30
3°. CINQ MILLE FRANCS sur une maison occupée par le régisseur, composée d'un rez-de-chaussée et grenier mansardé, construite en pierres, moellons et pans de bois, couverte en tuiles, ci.	5,000	» 50	2 50
Les deux maisons ci-dessus sont situées au hameau des Forges, commune de Déville, arrondissement de Rouen. Elles sont isolées de tout autre bâtiment à une distance de vingt-cinq mètres environ.			
4°. TROIS MILLE FRANCS sur une grande écurie voûtée, avec grenier au-dessus, ci.	3,000	1 35	4 05
5°. CINQ CENTS FRANCS sur fourrages dans ladite écurie et le grenier, ci.	500	1 35	» 70
6°. QUINZE CENTS FRANCS sur quatre chevaux dans la même écurie, sur leurs harnais, etc., ci.	1,500	1 35	2 05
7°. TRENTE MILLE FRANCS sur trois hangars, les piliers et les cheminées pour le travail des forges, ainsi que sur une boutique de maréchal attenant aux hangars, ci.	30,000	1 75	52 50
8°. SIX MILLE FRANCS sur la machine soufflante, l'arbre de couche, la roue et les accessoires du mécanisme, sous lesdits hangars, ci.	6,000	1 75	10 50
9°. VINGT MILLE FRANCS sur la roue hydraulique et les engrenages faisant mouvoir les gros et les petits cylindres finisseurs, sous les mêmes hangars, ci.	20,000	1 75	35 »
10°. SIX MILLE FRANCS sur le tour, la roue, l'arbre et les engrenages composant le tour à cylindres, sur le soufflet et tout le mobilier de la maréchalerie, le tout placé sous les susdits hangars, ci.	6,000	1 75	10 50
A REPORTER.	104,000	» »	134 10

	INDICATION EN CHIFFRES POUR CHAQUE RISQUE A ASSURER,		
	DU CAPITAL DE L'ASSURANCE.	DU TAUX DE LA PRIME.	DE LA SOMME PAYÉE POUR PRIME.
	f.	f. c.	f. c.
Report.	104,000	»	134 10
11°. Six mille francs sur un autre hangar couvrant la coulée près du haut fourneau qui n'est pas compris dans la présente assurance, ci.	6,000	1 75	10 50
12°. Deux mille francs sur un petit bâtiment attenant audit hangar, et servant de logement aux fondeurs, ci.	2,000	1 75	3 50
13°. Douze mille francs sur un bâtiment servant de logement aux ouvriers, élevé d'un rez-de-chaussée, un étage et greniers, construit en pierres, moellons et pans de bois, couvert en tuiles, et situé à dix mètres de distance de tout autre bâtiment, ci.	12,000	» 50	6 »
14°. Dix mille francs sur une grande halle à charbon de bois, ci.	10,000	3 40	34 »
15°. Vingt mille francs sur charbon de bois dans ladite halle, ci.	20,000	4 50	90 »
16°. Quatre mille francs sur une petite halle à charbon de bois, ci.	4,000	3 40	10 60
17°. Dix mille francs sur charbon de bois dans ladite halle, ci.	10,000	4 50	45 »
18°. Deux mille francs sur une boutique de menuisier et un bûcher, ci.	2,000	1 75	3 50
19°. Deux mille francs sur un grand bâtiment, composé de rez-de-chaussée et grenier, construit en pierres, moellons et pans de bois, couvert en tuiles, dans lequel sont déposés les modèles à mouler, ci.	2,000	» 50	1 »
20°. Trois mille francs sur lesdits modèles, ci.	3,000	» 90	2 70
Les bâtiments assurés par les articles 4, 7, 11, 12 et 14 sont aussi construits en pierres, moellons et pans de bois, couverts en tuiles.			
Totaux.	175,000	»	340,90
La Compagnie ne répondant, sur les objets assurés par les articles 7, 8, 9, 10, 11, 12, 13, 14, 15, 16 et 17 des conditions particulières de la présente, que des quatre cinquièmes des dommages, il convient de déduire, du capital assuré, la somme de vingt-deux mille huit cents francs, ci.	22,800	»	»
Et de la prime annuelle, celle de soixante et un francs, ci.		»	61 »
En conséquence, le capital garanti ne sera que de cent cinquante-deux mille deux cents francs, ainsi qu'il a été dit précédemment, et la prime annuelle, à payer par M. Garat, ne sera que de deux cent soixante-dix-neuf francs quatre-vingt-dix centimes, ci.	152,200	» »	279 90

M. *Garat* déclare que *les bâtiments* désignés d'autre part *sont* construits ______ et couverts comme il est dit ci-dessus, _________________________ qu'il n'y est exercé aucune profession dangereuse autre que la sienne, et qu'il n'existe pas de marchandises hasardeuses, autres *que celles nécessaires à son établissement.*_________________

La présente assurance est faite pour *dix ans,* à partir *de demain,*______________ à midi, moyennant la prime détaillée d'autre part, faisant la somme de *deux cent soixante-dix-neuf francs quatre-vingt-dix centimes,* que l'assuré s'oblige à payer le *trois décembre* de chaque année.

Les conditions imprimées et manuscrites de la présente police ne pourront, dans aucun cas, être réputées comminatoires; elles sont ainsi convenues et arrêtées entre les parties, pour être exécutées de bonne foi.

Fait *triple* à *Rouen*, le *deux décembre* mil huit cent *quarante-deux.*

L'Assuré,   *Pour la Compagnie,*

L'Agent fondé de Pouvoirs,

POLICE D'ASSURANCE

SUR FABRIQUE DE SUCRE DE BETTERAVES,

AVEC DÉDUCTION D'UN CINQUIÈME.

Conditions particulières.

Le Dragon, agissant par le fait de M. _______________ , son représentant à_______
en vertu de la procuration à lui donnée par le Directeur général, suivant acte du_______
assure, aux conditions générales qui précèdent et à celles particulières qui suivent :

A M. *Androuët (Joseph-Marie-Adolphe), cultivateur et fabricant,* _______________
demeurant à *Déville, arrondissement de Rouen (Seine-Inférieure),*_______________
agissant pour *son compte, comme propriétaire,* _______________
_______________ lequel déclare avoir pris connaissance de la susdite procuration,

La somme de QUATRE-VINGT-TREIZE MILLE SIX CENTS FRANCS, sur celle de CENT DIX-SEPT MILLE FRANCS, *sur les objets ci-après désignés ;*

·SAVOIR :

	INDICATION EN CHIFFRES POUR CHAQUE RISQUE A ASSURER,		
	DU CAPITAL DE L'ASSURANCE.	DU TAUX DE LA PRIME.	DE LA SOMME payée POUR PRIME.
	f.	f. c.	f. c.
1°. TRENTE MILLE FRANCS sur un grand corps de bâtiment renfermant tous les appareils de la fabrication de sucre de betteraves par la vapeur, lequel est élevé sur caves d'un rez-de-chaussée et de deux étages, construit en pierres et couvert en ardoises, et situé à Déville, arrondissement de Rouen (Seine-Inférieure), ci.	30,000	2 75	82 50
2°. SIX MILLE FRANCS sur une machine à vapeur à haute pression de la force de huit chevaux, y compris les ouvrages en maçonnerie qui y sont adhérents, ci. . .	6,000		
3°. SEIZE MILLE FRANCS sur trois générateurs, ci.	16,000		
4°. DEUX MILLE QUATRE CENTS FRANCS sur une râpe, avec bâtis en fonte, ci.	2,400		
5°. NEUF MILLE FRANCS sur trois presses hydrauliques, ci.	9,000		
6°. TROIS CENTS FRANCS sur une presse en bois, ci.	300		
7°. DOUZE MILLE CINQ CENTS FRANCS sur quatorze chaudières en cuivre rouge, dont trois à déféquer, cinq à évaporer, deux à cuire, avec leurs serpentins aussi en cuivre, renfermant la vapeur qui sert à les mettre en ébullition, ci.	12,500	3 50	280 »
8°. TROIS MILLE HUIT CENTS FRANCS sur onze cents formes avec leurs pots, ci. . . .	3,800		
9°. SEPT MILLE CINQ CENTS FRANCS sur accessoires, tels que baquets et filtres en bois garnis de cuivre; pompes en bois et en cuivre, tuyaux en cuivre pour porter la vapeur des générateurs aux appareils; claies en osier, canevas, sceaux, bidons, etc., ci.	7,500		
10°. VINGT-DEUX MILLE CINQ CENTS FRANCS sur les marchandises fabriquées, ou en cours de fabrication, qui existent ou pourront exister dans ladite sucrerie, ci.	22,500		
11°. QUATRE MILLE FRANCS sur un petit bâtiment, construit en pierres et couvert en tuiles, à usage de magasins, situé à Maromme, ci.	4,000	» 40	1 60
12°. TROIS MILLE FRANCS sur betteraves renfermées dans ce dernier bâtiment, ci. .	3,000	» 90	2 70
TOTAUX.	117,000	»	366 80
La Compagnie ne répondant, sur les objets assurés par la présente police, que des quatre cinquièmes des dommages, il convient de déduire du capital assuré la somme de vingt-trois mille quatre cents francs, ci.	23,400	»	
Et de la prime annuelle, celle de soixante-treize francs trente-cinq centimes, ci..			73 35
En conséquence, le capital garanti ne sera que de quatre-vingt-treize mille six cents francs; ainsi qu'il a été dit précédemment, et la prime annuelle à payer par M. Androuët ne sera que de deux cent quatre-vingt-treize francs quarante-cinq centimes, ci.	93,600	» »	293 45

M. *Androuët* déclare que *le bâtiment* désigné d'autre part *est* construit *en pierres*, _________________
couvert *en ardoises*, ____
qu'il n'y est exercé aucune profession dangereuse autre *que la sienne*, et qu'il n'y existe pas de marchandises hasardeuses *autres que celles nécessaires à sa fabrication*. ________________________

La présente assurance est faite pour *huit ans*, à partir *de demain*; ___________________à midi, moyennant la prime détaillée d'autre part, faisant la somme de *deux cent quatre-vingt-treize francs quarante-cinq centimes*, que l'assuré s'oblige à payer le *cinq décembre* de chaque année.

Les conditions imprimées et manuscrites de la présente police ne pourront, dans aucun cas, être réputées comminatoires; elles sont ainsi convenues et arrêtées entre les parties, pour être exécutées de bonne foi.

      Fait *triple*, à *Rouen*, le *quatre décembre* mil huit cent *quarante-deux*.

    L'Assuré,   *Pour la Compagnie*,

                                                        L'Agent fondé de Pouvoirs,

Modèle N° 15.

D^{on} *DE ROUEN.*

Police n° 62.

POLICE D'ASSURANCE

SUR FILATURE DE COTON,

AVEC DÉDUCTION D'UN CINQUIÈME.

Conditions particulières.

Le Dragon, agissant par le fait de M.__________________, son représentant à__________ en vertu de la procuration à lui donnée par le Directeur général, suivant acte du __________ assure, aux conditions générales qui précèdent et à celles particulières qui suivent :

A M. *Bédéa (Étienne), filateur de coton,* __________ demeurant à *Oissel, arrondissement de Rouen (Seine-Inférieure),* __________ agissant *pour son compte, comme propriétaire,* __________

__________lequel déclare avoir pris connaissance de la susdite procuration,

La somme de QUATRE-VINGT-ONZE MILLE DEUX CENTS FRANCS, sur celle de CENT QUATRE MILLE FRANCS, répartie *sur les objets ci-après désignés ;*

SAVOIR :

	INDICATION EN CHIFFRES POUR CHAQUE RISQUE A ASSURER,		
	DU CAPITAL DE L'ASSURANCE.	DU TAUX DE LA PRIME.	DE LA SOMME PAYÉE POUR PRIME.
	f.	f. c.	f. c.
1°. VINGT MILLE FRANCS sur une maison d'habitation, séparée du bâtiment de la filature par un espace de dix mètres, construite en pierres, moellons et pans de bois, couverte en tuiles, élevée sur caves d'un rez-de-chaussée, premier et deuxième étages et greniers, sise à Oissel, arrondissement de Rouen (Seine-Inférieure), ci.	20,000	» 50	10 »
2°. CINQ MILLE FRANCS sur son mobilier personnel, composé de meubles meublants, glaces, pendules, ornements, lits, linge, effets d'habillement et ustensiles de ménage, ci.	5,000	» 90	4 50
3°. QUINZE MILLE FRANCS sur marchandises brutes et fabriquées, placées au rez-de-chaussée de la même maison, ci.	15,000	» 90	13 50
4°. DIX MILLE FRANCS sur un bâtiment à usage de filature, élevé de deux étages et greniers, entièrement isolé, construit en pierres et moellons, couvert en tuiles (la filature est chauffée à la vapeur et éclairée par des quinquets fermés), ci.	10,000	5 25	52 50
5°. DIX MILLE FRANCS sur deux métiers à filer en gros, placés au rez-de-chaussée dudit bâtiment, ci.	10,000	7 »	70 »
6°. QUINZE MILLE FRANCS sur huit métiers à filer en fin, placés au premier étage du même bâtiment, ci.	15,000	7 »	105 »
7°. DIX MILLE FRANCS sur loups, batteurs, cardes simples et doubles, étirages, bans à broches, dévidoirs, lanternes, et tous les ustensiles composant le mobilier industriel à l'usage de la filature, le tout réparti dans la généralité du bâtiment de la filature, ci.	10,000	7 »	70 »
8°. QUATRE MILLE FRANCS sur les marchandises fabriquées et en fabrication qui existent ou pourront exister dans les ateliers, ci.	4,000	7 »	28 »
9°. QUINZE MILLE FRANCS sur une machine à vapeur et ses accessoires, ci.	15,000	7 »	105 »
TOTAUX.	104,000	»	458 50
La Compagnie ne répondant, sur les objets assurés par les articles 4, 5, 6, 7, 8 et 9 des conditions particulières de la présente, que des quatre cinquièmes des dommages, il convient de déduire du capital assuré la somme de douze mille huit cents francs, ci.	12,800	»	
Et de la prime annuelle, celle de quatre-vingt-onze francs soixante-dix centimes, ci.			91 70
En conséquence, le capital garanti ne sera que de quatre-vingt-onze mille deux cents francs, ainsi qu'il a été dit précédemment, et la prime annuelle à payer par M. Bédéa ne sera que de trois cent soixante-six francs quatre-vingts centimes, ci.	91,200	» »	366 80

M. *Bédéa* déclare que les *maison et bâtiment* désignés d'autre part, *sont* construits *en pierres,
moellons et pans de bois,* couverts *en tuiles,*________________________________

qu'il n'y est exercé *aucune* profession dangereuse *autre que la sienne,*_____________________

et qu'il n'y existe pas de marchandises hasardeuses, *autres que celles nécessaires à sa filature de coton.*

La présente assurance est faite pour *dix ans,* à partir *du quatre mai* mil huit cent *quarante-trois,*
__________________ à midi, moyennant la prime détaillée d'autre part, faisant la somme de *trois cent
soixante-six francs quatre-vingts centimes,* que l'assuré s'oblige à payer le *quatre mai* de chaque année.

Les conditions imprimées et manuscrites de la présente police ne pourront, dans aucun cas, être
réputées comminatoires; elles sont ainsi convenues et arrêtées entre les parties, pour être exécutées
de bonne foi.

Fait *triple,* à *Rouen,* le *quinze décembre* mil huit cent *quarante-deux.*

L'Assuré,   *Pour la Compagnie,*

L'agent fondé de Pouvoirs,

Modèle n° 16.

Dᵒⁿ DE ROUEN.

Police n° 65.

POLICE D'ASSURANCE
SUR CRÉANCES HYPOTHÉCAIRES.

PREMIER CAS.

ASSURANCE FAITE AU PROFIT D'UN CRÉANCIER HYPOTHÉCAIRE.

Conditions particulières.

LE DRAGON, agissant par le fait de M. _______________, son représentant à _______________ en vertu de la procuration à lui donnée par le Directeur général, suivant acte du _______________ assure aux conditions générales qui précèdent, et à celles particulières qui suivent :

À M. *Armould (Eugène), rentier,* _______________ demeurant à *Rouen, rue du Contrat-Social, n° 25 (Seine-Inférieure),* _______________ agissant *en qualité de créancier hypothécaire,* _______________ _______________ lequel déclare avoir pris connaissance de la susdite procuration,

La somme de CINQUANTE MILLE FRANCS sur une maison, élevée sur caves, d'un rez-de-chaussée, deux étages et greniers, construite en pierres, moellons et pans de bois, couverte en ardoises, sise à Rouen, rue du Contrat-Social, n° 25, et appartenant à M. Dutacq, ci . . . .

Cette assurance a pour objet de garantir à M. Armould le montant de sa créance jusqu'à concurrence de la susdite somme, dans le cas où, par suite d'un incendie, ladite maison ne lui présenterait plus un gage suffisant.

Il est expressément convenu que cette garantie n'aura son effet qu'autant que l'inscription de l'assuré arrivera en ordre utile, et pour la portion qui arrivera en ordre utile, eu égard aux frais d'expropriation.

M. Armould sera tenu, en recevant le payement du dommage, de subroger la Compagnie, jusqu'à la concurrence de la somme qu'elle lui aura payée, dans son action personnelle contre son débiteur, ainsi que dans tous les droits hypothécaires résultant de sa créance.

| | INDICATION EN CHIFFRES | | |
| | POUR CHAQUE RISQUE À ASSURER. | | |
	DU CAPITAL DE L'ASSURANCE.	DU TAUX DE LA PRIME.	DE LA SOMME PAYÉE POUR PRIME.
	f.	f. c	f. c
	50,000	» 40	20 »
TOTAUX.	50,000	» »	20 »

17

DEUXIÈME CAS.

ASSURANCE FAITE CONJOINTEMENT PAR LE PROPRIÉTAIRE ET UN CRÉANCIER HYPOTHÉCAIRE.

LE DRAGON, agissant par le fait de M._______________, son représentant à_______ en vertu de la procuration à lui donnée par le Directeur général, suivant acte du _______ assure aux conditions générales qui précèdent, et à celles particulières qui suivent :

A M. *Desfrançois* (*Florian*), *propriétaire*,_______________ demeurant à *Rouen, rue Saint-Vincent, n° 24* (*Seine-Inférieure*),_______________ agissant *pour son compte, et pour celui de* M. *Carle* (*Julien*), *son créancier hypothécaire et intervenant*,_______________

_______________ lequel déclare avoir pris connaissance de ladite procuration,

	INDICATION EN CHIFFRES POUR CHAQUE RISQUE A ASSURER,		
	DU CAPITAL DE L'ASSURANCE.	DU TAUX DE LA PRIME.	DE LA SOMME PAYÉE POUR PRIME.
	f.	f. c.	f. c.
La somme de **TRENTE MILLE FRANCS** sur une maison, située à Rouen (Seine-Inférieure), rue Saint-Vincent, n° 24, élevée sur caves d'un rez-de-chaussée, un étage et greniers, construite en pierres, moellons et pans de bois, et couverte en tuiles. Ladite maison est occupée actuellement par le sieur Desfrançois, ci.	30,000	» 40	12 »

La Compagnie s'engage, en cas de sinistre, à payer le montant de l'indemnité dont elle sera tenue, d'abord au créancier ci-dessus nommé, jusqu'à concurrence de sa créance, s'il a conservé ses droits hypothécaires et s'il vient en ordre utile, et le surplus audit sieur Desfrançois.

Il est bien entendu que cet engagement de la Compagnie n'est pris d'une part qu'autant que M. Desfrançois aura, vis-à-vis d'elle, complétement rempli toutes ses obligations, et, d'autre part, sauf l'effet des saisies-arrêts ou oppositions qui seraient formées entre ses mains, et dont elle aura droit d'exiger qu'il lui soit rapporté main-levée avant d'effectuer aucun payement.

TOTAUX.	30,000	» »	12 »

Modèle Nº 17.

Dᵒⁿ DE ROUEN.

Police Nº 60.

POLICE D'ASSURANCE
SUR ROULAGE.

Conditions particulières.

Le Dragon, agissant par le fait de M. _______________ , son représentant à _______________ en vertu de la procuration à lui donnée par le Directeur général, suivant acte du _______________ assure aux conditions générales qui précèdent, et à celles particulières qui suivent :

A M. *Jourdan (Henri), commissionnaire de roulage,* _______________ demeurant à *Rouen, rue Socrate, nº 12, département de la Seine-Inférieure,* _______________ agissant *pour son compte, et celui de ses commettants,* _______________ _______________ lequel déclare avoir pris connaissance de la susdite procuration,

La somme de SOIXANTE-QUINZE MILLE FRANCS, *sur les objets ci-après désignés ;*

SAVOIR :

	INDICATION EN CHIFFRES POUR CHAQUE RISQUE A ASSURER,		
	DU CAPITAL DE L'ASSURANCE.	DU TAUX DE LA PRIME.	DE LA SOMME PAYÉE POUR PRIME.
	f.	f. c.	f. c.
1º. CINQUANTE MILLE FRANCS sur son roulage accéléré, allant de Rouen à Paris, ci.	50,000	} 2 »	150 »
2º. VINGT-CINQ MILLE FRANCS sur son roulage accéléré, allant de Paris à Rouen, ci.	25,000		

M. Jourdan déclare : 1º Que le roulage de Rouen à Paris se compose de deux voitures par jour l'un dans l'autre, du poids de 3 à 4,000 kilogrammes, chacune partant à des heures différentes, et restant, terme moyen, cinq jours en route ;

2º. Que le départ journalier de Paris à Rouen consiste en une voiture du poids ci-dessus, et restant également cinq jours en route.

Il résulte de ces déclarations qu'il y a continuellement, sur la route de Rouen à Paris, dix voitures, sur chacune desquelles l'assurance est de cinq mille francs, et sur la route de Paris à Rouen cinq voitures, sur chacune desquelles l'assurance est aussi de cinq mille francs.

Conditions particulières.

Art. 1ᵉʳ. — La Compagnie ne répond pas des dommages d'incendie qui pourraient résulter du transport de la poudre à tirer.

Art. 2. — Les marchandises expédiées ne seront garanties par l'assurance qu'autant qu'elles auront été, au moment de leur expédition, portées à leur ordre de date sur les registres de l'assuré.

Art. 3. — La Compagnie garantit lesdites marchandises, sur voitures, depuis l'instant de leur sortie des magasins de l'assuré ou de ceux où il les aurait envoyé charger, jusqu'au moment de leur arrivée à leur destination ; elle les garantit, lors même qu'intermédiairement elles stationneraient dans des magasins ou cours, soit en route, soit au lieu du chargement ; mais cette garantie cessera pour chaque expédition immédiatement après le terme fixé plus haut pour chaque transport, sauf les cas de force majeure.

TOTAUX	75,000	» »	150 »

Art. 4. — La Compagnie garantit aussi lesdites marchandises, lors même qu'elles se trouveraient déchargées ou non à bord des bacs ou bateaux, suivant les dispositions des lieux, ou qu'elles seraient rechargées en route sur toutes autres voitures, pourvu que la durée du temps de route n'excède pas les délais fixés ci-dessus.

Art. 5. — L'assuré est tenu : 1° de prévenir la Compagnie du sinistre, au moment où il en reçoit connaissance; 2° de lui remettre un état, aussi détaillé que possible, des marchandises chargées sur la voiture atteinte par le feu, en indiquant les noms et demeures des propriétaires; 3° de lui adresser les réclamations qui seront faites par les ayants droit, pour les pertes occasionnées par l'incendie; 4° et enfin de lui fournir, conformément à l'article 18 des Conditions générales, tous autres documents et renseignements en son pouvoir.

Art. 6. — La Compagnie, dérogeant à l'article 20 des Conditions générales, remboursera les dommages jusqu'à concurrence de dix mille francs sur chaque voiture, mais ledit article 20 ressortira son plein et entier effet, et le dommage sera réglé au *prorata* du nombre de voitures en cours au moment du sinistre, si ce nombre excédait celui déclaré ci-dessus.

Art. 7. — Il est bien entendu que les marchandises ne sont assurées que pour le cas où **M.** Jourdan serait reconnu responsable vis-à-vis de ses commettants, l'assurance ne pouvant lui profiter personnellement que pour les objets qu'il justifiera être sa propriété.

Cette assurance est un supplément à celle souscrite à **M.** Jourdan, sur les mêmes objets, par police de la Compagnie en date du 24 mai **1838**, sous le n° 7.

M._________________ déclare que l________________________ désigné d'autre part__________________ construit________________ qu'il n'y est exercé_____________ profession dangereuse________________ et qu'il n'y existe pas de marchandises hasardeuses,_________________

La présente assurance est faite pour *cinq ans cinq mois dix-sept jours*, à partir de *demain*, ______ à midi, moyennant la prime détaillée d'autre part, faisant la somme de *cent cinquante francs*, que l'assuré s'oblige à payer le *vingt-quatre mai* de chaque année, et celle de *soixante-dix francs cinquante centimes*, que M. *Jourdan* payera comptant pour les *cinq mois et dix-sept jours* à courir du *sept décembre mil huit cent quarante-deux* au *vingt-quatre mai* mil huit cent *quarante-trois*.

Les conditions imprimées et manuscrites de la présente police ne pourront, dans aucun cas, être réputées comminatoires; elles sont ainsi convenues et arrêtées entre les parties pour être exécutées de bonne foi.

Fait *triple* à *Rouen*, le *vingt novembre* mil huit cent *quarante-deux*.

L'Assuré,   *Pour la Compagnie*,

                                              L'Agent fondé de Pouvoirs,

Modèle n° 18.

D^{on} DE ROUEN.

Police n° 61.

POLICE D'ASSURANCE

SUR THÉÂTRES.

Conditions particulières.

Le Dragon, agissant par le fait de M.______________, son représentant à ______________
en vertu de la procuration à lui donnée par le Directeur général, suivant acte du______________
assure, aux conditions générales qui précèdent, et à celles particulières qui suivent :

A MM. *Letard* et *Anise, administrateurs du Théâtre des Arts,*______________
demeurant à *Rouen, place de la Comédie, n° 1 (Seine-Inférieure),*
agissant *pour le compte de la Société fondée pour l'exploitation du Théâtre des Arts de Rouen,*______________
______________lesquels déclarent avoir pris connaissance de la susdite procuration,

La somme de QUATRE-VINGT-DOUZE MILLE FRANCS, sur celle de CENT QUINZE MILLE FRANCS, qui est répartie comme suit ;

SAVOIR :

	INDICATION EN CHIFFRES POUR CHAQUE RISQUE A ASSURER,		
	DU CAPITAL DE L'ASSURANCE.	DU TAUX DE LA PRIME.	DE LA SOMME PAYÉE POUR PRIME.
	f.	f. c.	f. c.
1°. QUATRE-VINGT MILLE FRANCS sur toutes les constructions intérieures et extérieures, et leurs dépendances, qui composent le Théâtre des Arts, situé dans ladite ville, place de la Comédie, n° 1, ci. Dans cette somme sont compris les loges et leurs décors, les ornements, les peintures et le matériel immobilier, par destination.	80,000	10 »	800 »
2°. VINGT MILLE FRANCS sur toiles peintes, coulisses, décorations, machines mobiles, instruments de musique et autres, et tous les accessoires composant le matériel dudit théâtre, ci.	20,000	10 »	200 »
3°. DIX MILLE FRANCS sur costumes, ci.	10,000	10 »	100 »
4°. CINQ MILLE FRANCS sur bibliothèque musicale et littéraire.	5,000	10 »	50 »
La Compagnie ne répondant, pour les objets assurés ci-dessus, que des quatre cinquièmes des dommages, il convient de déduire du capital assuré la somme de VINGT-TROIS MILLE FRANCS, ci.	115,000 23,000		1,150 » » »
Et de la prime annuelle, celle de DEUX CENT TRENTE FRANCS, ci. . . . . En conséquence, le capital garanti ne sera que de QUATRE-VINGT-DOUZE MILLE FRANCS, ainsi qu'il a été dit précédemment, *et la prime annuelle à payer par* MM. *Letard* et *Anise,* sera de NEUF CENT VINGT FRANCS.	» »		230 »
RESTE NET.	92,000		920 »

Les assurés déclarent que la scène est isolée du reste du théâtre par un rideau métallique.

Indépendamment de toutes les mesures de sûreté qui sont ou pourront être prescrites par les autorités administratives et par la préfecture de police, les assurés s'obligent, sous peine de ne recevoir aucune indemnité, en cas d'incendie :

1°. A entretenir toujours en bon état et remplis d'eau, les réservoirs qui existent dans le théâtre ;

2°. A entretenir également en bon état les pompes qui se trouvent dans le théâtre ;

3°. A faire veiller nuit et jour une garde de pompiers, pour la sûreté de la salle ;

4°. A commettre un gardien-portier à la garde de la salle ;

5°. A faire régulièrement plusieurs rondes chaque nuit ;

6°. A ne faire aucune répétition avec artifices ou armes à feu, sans la présence d'un poste de pompiers, égal en nombre à celui voulu pour les représentations.

Pour veiller à ce que toutes les mesures prescrites soient ponctuellement exécutées, tant par l'administration du théâtre que par les employés préposés à cet effet, les assurés s'obligent, en outre, à donner deux cartes d'entrée au Directeur de la Compagnie ; ces deux entrées seront gratuites pendant toute la durée de l'assurance, et donneront accès dans l'intérieur de la salle et du théâtre, à toutes places, sans exception, à toute heure du jour et de la nuit, hors et pendant les représentations.

La présente police annule et remplace, à partir de demain, celle souscrite par la Compagnie au profit de **MM.** Letard et Anise le 19 juin 1840, sous le n° 32 ; et, attendu que la prime due en vertu de cette dernière police a été acquittée à son échéance, **MM.** Letard et Anise n'auront rien à payer avant le 20 juin prochain.

MM. *Letard* et *Anise* déclarent que *le théâtre* désigné d'autre part *est* construit *en pierres, moellons et pans de bois*, couvert *en ardoises et zinc*,

qu'il n'y est exercé *aucune* profession dangereuse,

et qu'il n'y existe pas de marchandises hasardeuses.

La présente assurance est faite pour *huit ans six mois huit jours*, à partir *de demain*, à midi, moyennant la prime détaillée d'autre part, faisant la somme de *neuf cent vingt francs*, que l'assuré s'oblige à payer *le vingt juin* de chaque année.

Les conditions imprimées et manuscrites de la présente police ne pourront, dans aucun cas, être réputées comminatoires ; elles sont ainsi convenues et arrêtées entre les parties, pour être exécutées de bonne foi.

Fait *triple*, à *Rouen*, le *vingt-cinq décembre* mil huit cent *quarante-deux*.

L'Assuré,

Pour la Compagnie,

L'Agent fondé de Pouvoirs,

Modèle N° 19.

FORMULES PARTICULIÈRES.

N° 1.

Pour les tableaux et objets d'art.

La Compagnie n'aura jamais à rembourser par chaque tableau, gravure, objet d'art ou de curiosité détruit ou avarié, une somme supérieure à   , quelle que soit du reste sa valeur excédante au moment de l'incendie.

N° 2.

Pour les libraires.

Il est bien entendu qu'en cas d'incendie, la Compagnie n'aura à rembourser que le dommage matériel survenu aux objets de librairie réellement existant dans les localités ci-dessus désignées, et que l'assurance ne s'étendra, en aucun cas, aux compléments d'ouvrages qui existeraient ailleurs que dans lesdits lieux, ou qui seraient à livrer en vertu de souscriptions en cours.

N° 3.

Pour les imprimeurs.

M.   déclare qu'il n'existe pas dans son établissement d'atelier d'étendage, de brochage et de satinage. Dans le cas où il en sera établi plus tard, M. devra, sous peine de nullité de la présente, le déclarer à la Compagnie, qui pourra alors exiger un supplément de prime.

N° 4.

Pour les imprimeurs sur étoffes.

Il est entendu que la Compagnie ne sera tenue de rembourser que les dégâts résultant d'incendie, et qu'elle ne sera point responsable des avaries que pourront éprouver les marchandises par suite du roussissage.

N° 5.

Pour les magnaneries.

Le dommage à rembourser par la Compagnie *le Dragon* sera établi sur les bases suivantes :

1°. De la première maladie à la deuxième, en cas d'incendie, la Compagnie remboursera le quart de la valeur assurée ;

2°. De la seconde à la troisième, trois huitièmes ;

3°. De la troisième à la quatrième, la moitié ;

4°. Pendant la période de la quatrième maladie, cinq huitièmes ;

5°. De cette dernière époque au prélèvement de la récolte, trois quarts, de telle sorte qu'une partie de la perte soit toujours supportée par l'assuré, afin de l'intéresser à la conservation de la récolte assurée.

N° 6.

Pour les fabricants de cuirs vernis, de toiles et taffetas cirés et gommés, et de térébenthine et vernis.

Il est bien entendu que les huiles et vernis en cuisson ne sont point compris dans la présente assurance. L'assuré déclare que la cuisson se fait hors de l'établissement, à une distance de   pieds.

FORMULES GÉNÉRALES.

N° 7.

Police qui en remplace une autre.

La présente annule et remplace celle que la Compagnie avait souscrite à **M.**
par police n°   en date du

Nota. Il faut mettre en tête de la police : « *A. et R.* n°   . » (annule et remplace n°   ).

N° 8.

Police d'assurance supplémentaire.

Cette assurance est en supplément à celle souscrite à **M.**   sur les mêmes
objets par police de la Compagnie *le Dragon*, en date du   , sous le n°   ,
qui porte l'assurance totale à la somme de

Nota. Il faut mettre en tête de la police, ces mots : « *Supplément à la police* n°   . »

N° 9.

Faculté de résilier une police d'assurance à la fin de chaque année.

Quoique la présente assurance soit faite, ainsi qu'il est dit ci-après, pour une durée
de   , il est convenu que l'assuré ainsi que la Compagnie auront réciproquement le droit de résilier à la fin de chaque année, en se prévenant un mois d'avance.

Nota. Cette condition ne doit être consentie que par exception motivée.

N° 10.

Déclaration d'une assurance sur les mêmes objets par une Compagnie.

Pour se conformer aux dispositions de l'article 10 des conditions générales de la police ci-dessus mentionnée, **M.**   déclare avoir fait assurer par la Compagnie
d   , suivant police n°   , en date du   , une somme totale
de   répartie comme suit,

Savoir :

1°.	francs sur		ci	fr.
2°.	francs sur		ci	fr.
3°.	francs sur		ci	fr.
4°.	francs sur		ci	fr.

N° 11.

Franchise d'avarie.

La Compagnie se réserve une franchise d'avarie de   , de telle sorte qu'elle ne devra, en cas d'incendie, aucune indemnité pour tout dommage dont le montant n'excéderait pas cette somme, et que, dans tous les cas, elle n'aura à rembourser les pertes que sous la déduction de ladite somme de

N° 12.

Clause pour les Sociétés en commandite.

Messieurs N..... et Compagnie déclarent agir pour la Société constituée en commandite par actions, pour   , suivant acte du   , reçu par Mᵉ   et son collègue, notaires à

Par suite, la présente assurance continuera d'avoir son effet, et d'engager les deux parties même dans les cas d'un changement dans la personne du gérant, et quelles que soient les constitution ou raison sociale de ladite association.

N° 13.

Modèle d'attestation pour les assurés qui ne savent pas signer.

La croix ci-dessus a été apposée en notre présence par **M.**   , comme adhésion à la présente police et pour tenir lieu de signature.

Modèle Nᵒ 20.

MODÈLES D'AVENANTS.

Avenant à la police nₒ   en date, à   , l

Pour se conformer aux dispositions de l'article 10 des conditions générales de la police ci-dessus mentionnée, M.   déclare avoir transporté les objets assurés par l article   des conditions particulières de ladite police, dans une maison sise à   , rue   nᵒ   .

M.   déclare également que la maison où ils sont actuellement répartis renferme   marchandises hasardeuses, et qu   y est exercé   profession dangereuse.

La Compagnie lui donne acte de ses déclarations, et consent à continuer l'assurance des objets ci-dessus relatés, aux mêmes clauses et conditions, ainsi que celle consentie par l article   des mêmes conditions particulières sur les risques locatif et de voisins.

Fait triple à   , le

Avenant à la police nᵒ   en date, à   , le

M.   déclare

La Compagnie lui donne acte de cette déclaration, et, attendu qu'elle n'augmente en rien les risques d'incendie, elle consent à continuer la police plus haut mentionnée aux mêmes clauses et conditions.

Fait triple à   , le

Avenant à la police nᵒ   en date, à   , le

M. (*le vendeur*), ayant cédé à M. (*l'acquéreur*), (*indiquer l'objet vendu*), qu'il possédait rue   nᵒ   .

Il demeure convenu entre la Compagnie *le Dragon*, d'une part;

M. (*le vendeur*) et M. (*l'acquéreur*), d'autre part;

Que la police ci-dessus mentionnée, souscrite pour une somme totale de le   , aura, à partir d'aujourd'hui, son effet, au profit de M. (*l'acquéreur*), qui l'accepte.

Par suite, M. (*l'acquéreur*) prend l'engagement de se conformer aux clauses et conditions, tant générales que particulières, de ladite police.

Fait quadruple à   , le

L'ancien assuré,   Le nouvel assuré,   Pour la Compagnie,

Le Directeur fondé de pouvoirs,

18

Avenant à la police n°   en date, à   , le

Mutation de propriété par décès.

M.   , demeurant dans ladite ville, ayant justifié que M.
(*indiquer le degré de parenté du défunt et du collatéral*) est décédé, et qu'il est son seul et unique héritier, la Compagnie en prend acte, et consent à continuer l'assurance au profit dudit sieur   , lequel accepte toutes les clauses et conditions de la police, et prend l'engagement d'acquitter le montant des primes souscrites par le propriétaire défunt.

Fait triple à   , le

Avenant à la police n°   en date, à   , le

Dissolution de Société, transfert au nom d'un seul associé.

Pour se conformer aux dispositions de l'article 8 des conditions générales de la susdite, MM.   déclarent que la société formée entre eux, sous la raison sociale   , vient d'être dissoute, et que les objets appartenant à ladite association, et assurés pour une somme de   , sont maintenant la propriété de M.   seul.

La Compagnie leur donne acte de cette déclaration, et, par suite, il demeure convenu que l'assurance souscrite au nom de ladite société aura à l'avenir son effet au profit de M.   , qui, de son côté, prend l'engagement de se conformer aux clauses et conditions, tant générales que particulières, de la police plus haut relatée.

Fait quadruple à   , le

Les anciens assurés,   Le nouvel assuré,   Pour la Compagnie,

Le Directeur fondé de pouvoirs,

Avenant à la police n°   en date, à   , le

Transfert au nom d'une Société.

M.   déclare que, par suite de son association avec M.   , les objets assurés par la police précitée, sont maintenant la propriété de la société fondée sous la raison sociale

La Compagnie donne acte de cette déclaration, et consent à continuer l'assurance au nom de MM.   , moyennant l'engagement pris par eux de se conformer aux clauses et conditions, tant générales que particulières, de la police plus haut relatée.

Fait quadruple à   , le

L'ancien assuré,   Les nouveaux assurés,   Pour la Compagnie,

Le Directeur fondé de pouvoirs,

Avenant à la police n°   en date, à   , le

Avenant de résiliation.

Par suite (*énoncer le motif*), il demeure convenu que la susdite police, souscrite pour   années, cesse d'avoir son effet à partir de   , et doit être considérée comme nulle et non avenue.

Fait triple à   , le

Modèle N° 24.

NOTIFICATION PAR HUISSIER

DE REPRISE D'ASSURANCE SUR UNE C^{IE} A PRIMES.

Formule 1.

L'an mil huit cent   , et le   , à la requête
de M.   , demeurant à   , poursuites et diligences
de la Compagnie anonyme d'assurances contre l'incendie *le Dragon*, représentée par
M.   , son directeur à   , j'ai
huissier   , soussigné, signifié et déclaré à la Compagnie d'assurances
contre l'incendie (*nom de la Compagnie à laquelle est adressée la déclaration*), en la personne de M.   , son représentant à   ,
parlant à

Que, pour se conformer à l'article   des conditions générales d'une assurance
verbale consentie à son profit, le   , le requérant déclare avoir fait
assurer sur les mêmes objets (*ou* sur objets (*les désigner*) faisant partie du même risque)
une somme totale de   , ainsi répartie : 1°   francs sur   ;
2°   francs sur   , etc., etc.

Faisant sommation à ladite Compagnie de me déclarer si elle entend continuer son
assurance, ou si elle préfère la résilier, ainsi qu'elle s'en est réservé le droit, lui déclarant
que son silence sera considéré comme une acceptation de la présente déclaration.

A ce qu'il n'en ignore, et sous toutes réserves de fait et de droit, je lui ai, au domicile
et parlant comme ci-dessus, laissé copie du présent, dont le coût est de

---

MODÈLE DE DÉCLARATION

DE RETRAITE D'UNE SOCIÉTÉ MUTUELLE.

Formule 2.

Je soussigné   , propriétaire (*locataire, tuteur, usufruitier,
usager*), demeurant à   , arrondissement d   ,
département d   , sociétaire de la *Société d'Assurance mutuelle*
(mobilière *ou* immobilière, *ou bien*, mobilière et immobilière), connue sous la dénomination de   , dont le siége est à   , (pour l'immeuble *ou* les
immeubles, *ou bien* les immeubles et meubles), dont je suis propriétaire (*locataire, usufruitier, usager*) dans la commune de   , arrondissement de   ,
département de   , est (*ou* sont) assuré   , suivant police (*ou* polices)
n°   (*ou* n°ˢ), délivrée   le   , et faite en vertu de mon adhésion
du   , déclare me désister purement et simplement,
et ne plus vouloir faire partie activement ni passivement de ladite *Association mutuelle*, et
ce à partir du   , époque de l'expiration de la susdite police.

En conséquence, je requiers acte de cette déclaration, voulant qu'elle ait autant de force
que pourrait en avoir un désistement signé par moi sur les registres de ladite Société, ou
toute autre déclaration encore plus formelle.

Je donne, par les présentes, pouvoir à M.   de faire valoir auprès
de qui de droit, et par tous les moyens, la présente déclaration, et d'en retirer acte.

Fait double à   , le   , mil huit cent
J'accepte le présent pouvoir.

Fait à   , le   , mil huit cent
Vu par nous, maire de la commune de   , pour légalisation des
signatures de MM.   , qui précèdent.

A   le   , mil huit cent

Modèle n° **22.**

MODÈLES D'AVERTISSEMENTS

POUR PRIMES EN RETARD.

PREMIER AVERTISSEMENT.

Le 1er janvier 1843.

M.

Aux termes de l'article 6 de votre police d'assurance, vous devez payer la prime de chaque année au plus tard dans la quinzaine qui suit l'échéance, sous peine de n'avoir droit, en cas d'incendie, à aucune indemnité, et sans préjudice des poursuites que la Compagnie peut exercer contre les retardataires.

Veuillez, dans votre intérêt, faire acquitter au plus tôt à mon bureau, à la somme de   , dont vous êtes redevable pour prime d'assurance, échue le

J'ai l'honneur de vous saluer.

Le Directeur,

DEUXIÈME AVERTISSEMENT.

Le 15 janvier 1843.

M.

Le 1er courant, j'ai eu l'honneur de vous prévenir que, faute par vous d'avoir acquitté la prime de   francs, dont vous êtes redevable à la Compagnie, vous n'auriez droit, en cas de sinistre, à aucune indemnité. Je dois aujourd'hui vous avertir que, si vous différez plus longtemps ce payement, je ne pourrai me dispenser d'exercer contre vous toutes les poursuites de droit, et que, conformément à l'article 6 de la police, tous les frais et déboursés, même ceux de timbre et d'enregistrement, seraient à votre charge.

J'ai l'honneur de vous saluer.

Le Directeur,

TROISIÈME AVERTISSEMENT.

Le 31 janvier 1843.

M.

Malgré les avertissements que je vous ai donnés par mes lettres des 1er et 15 janvier courant, vous n'êtes point venu vous libérer de votre prime d'assurance de francs,   échue le

Ne pouvant plus longtemps laisser cet objet en souffrance, j'ai le regret de vous informer que je viens de remettre votre quittance de prime à M.   , huissier à   , en le chargeant des poursuites nécessaires. Vous pouvez encore vous éviter les frais et les désagréments de ces poursuites, en lui remettant immédiatement le montant de ladite prime.

J'ai l'honneur de vous saluer.

Le Directeur,

Modèle N° 23.

MODÈLE DE CITATION

POUR PAYEMENT DE PRIMES.

Formule 1.

L'an   , à la requête de la Compagnie anonyme d'assurance contre l'incendie *le Dragon*, établie à Paris, place de la Bourse, n° 8 ; poursuites et diligences de M.   , son agent à   , pour lequel domicile est élu en ma demeure, j'ai   , soussigné, cité M.   , demeurant à   , en son domicile, parlant à

A comparaître le   heure   défaut à   à l'audience et par-devant M. le juge de paix du canton de   sis à pour s'entendre condamner à payer au demandeur la somme de montant d'une année d'assurance verbale à ladite Compagnie, échue et exigible ; le tout ainsi qu'il en sera justifié au besoin.

Comme aussi voir dire et ordonner que le jugement à intervenir sera rendu souverainement et en dernier ressort, la souveraineté et la compétence de M. le juge de paix ayant été reconnues par les conventions verbales de ladite assurance.

Requérant intérêts et dépens.

Dont acte, et j'ai audit défendeur, domicile et parlant comme dessus, laissé

MODÈLE DE NOTIFICATION

POUR RÉSILIATION D'ASSURANCE.

Formule 2.

L'an   , à la requête de la Compagnie anonyme d'assurance contre l'incendie *le Dragon*, établie à Paris, place de la Bourse, n° 8,   poursuites et diligences de M.   , son directeur à   , pour lequel domicile est élu en ma demeure, j'ai   huissier   soussigné, signifié et déclaré à M.   , demeurant à   , parlant à

Que, suivant conventions verbales du   , ladite Compagnie d'assurance a assuré à mondit sieur   une somme de   sur

Que ledit sieur   s'est obligé d'acquitter annuellement à compter du au bureau de la Compagnie ou de l'agent susdénommé, une prime de   , par avance et d'année en année ;

Qu'il a été aussi verbalement convenu qu'à défaut de payement de la prime d'assurance, ainsi qu'il vient d'être dit, et sans qu'il soit besoin d'aucune demande, d'aucune mise en demeure, l'assuré n'aura droit, en cas d'incendie, à aucune indemnité, et que la Compagnie pourrait à son choix, ou maintenir l'assurance, ou la résilier ;

Que ledit sieur   n'ayant point fait le versement de la prime d'assurance dont s'agit, pour l'année commencée le   , n'a droit, en cas d'incendie ; et sans qu'il soit besoin de la présente notification, à aucune indemnité ;

Que, de plus, la Compagnie, voulant profiter du droit que lui confère ladite convention, entend que ladite assurance soit et demeure résiliée ;

En conséquence, j'ai formellement déclaré audit sieur   , que ladite assurance doit être considérée, à dater de ce jour, comme nulle et sans effet pour le temps à venir. A ce qu'il n'en ignore, et sous toutes réserves de fait et de droit, je lui ai, au domicile et parlant comme dessus, laissé copie du présent.

MODÈLE DE LETTRE

POUR NOTIFICATION D'ANNULATION D'ASSURANCE.

M

Formule 3.

Par police d'assurance n°   , en date du   , passée entre vous et la Compagnie *le Dragon*, vous vous êtes engagé à payer annuellement la prime de   , le

Attendu que vous n'avez pas rempli cet engagement, je viens vous notifier, qu'en vertu de l'article **7** des conditions générales de la susdite police, votre assurance a été annulée et rayée des registres de la Compagnie.

Agréez, etc.

Le Directeur d

Modèle n° 24.

LE DRAGON,

COMPAGNIE D'ASSURANCE CONTRE L'INCENDIE

Autorisée par ordonnance royale du 8 mai 1842.

DIRECTION

d

M.

demeurant à

assuré suivant police n° (*), en date du

1ᵉʳ AVIS

de Sinistre.

Lieu du sinistre.	
Quelle est sa date ?	
Quelles sont les causes connues ou présumées ?	
A quelle époque la prime a-t-elle été payée ?	
L'assuré ne se trouve-t-il dans aucun cas de nullité ? (*Voyez* Instructions générales, art. 261.)	
La Compagnie peut-elle avoir un recours à exercer contre des voisins, locataires, etc.? (*Voyez* Instructions générales, art. 262.)	
A-t-il été fait des oppositions ou saisies-arrêts? En cas d'affirmative, quel est leur montant et quels sont les noms des saisissants ?	
L'assurance a-t-elle été faite par un agent? Dans ce cas, quel est son nom et sa demeure ?	
Quelle est la valeur approximative de la perte ?	

(*) Lorsque la police n'a pas encore été envoyée à la Compagnie, il faut la joindre à cet avis. — Si le risque est commun avec une autre police, il faut l'indiquer.

Observations.

A   le   18

Monsieur le Directeur,

Cette lettre d'avis, datée et signée, doit contenir tous les renseignements et détails connus au moment de son départ. Elle ne doit traiter d'aucune affaire étrangère au sinistre; mais on peut y renfermer d'autres papiers.

Modèle n° **25.**

LE DRAGON,

COMPAGNIE ANONYME D'ASSURANCE
CONTRE L'INCENDIE.

Autorisée par ordonnance royale du 8 mai 1842.

Police n°

Au nom de M.

Direction de

RAPPORT

Sur le Sinistre du   18

NOTA. Il ne doit être question dans ces rapports d'aucun objet étranger au sinistre.

Si le règlement se prolonge et nécessite de nouvelles communications, elles ne doivent pas avoir lieu par la correspondance ordinaire; il faut continuer à se servir des présentes feuilles de rapport, en leur donnant un numéro d'ordre, et en biffant les articles des sommaires sur lesquels il n'y a plus rien à dire (*Voyez* les articles 250 et 251 des Instructions générales).

Ces rapports ne sont pas nécessaires pour les sinistres qui ne s'élèvent pas à plus de 300 francs.

SOMMAIRE.	A le 18
SUITE DES RENSEIGNEMENTS SUR LES CAUSES DE L'INCENDIE.	*Monsieur le Directeur,*
NOUVEL EXAMEN DES CAS DE NULLITÉ.	
Savoir :	
Mutation de propriété.	
Fausse dénonciation, dans la police, de la nature des risques, eu égard aux constructions et couvertures, à l'existence des marchandises hasardeuses, à la destination des bâtiments, ou aux contiguités mentionnées dans l'article 10 de la police.	
Changements survenus dans le risque depuis l'assurance, et non mentionnés sur la police.	
Assurances faites sans déclarations par d'autres Compagnies ou Sociétés mutuelles.	
Transport des objets assurés dans d'autres lieux que ceux désignés dans la police.	
Absence des pièces et déclarations exigées par l'article 15 de la police.	
Moyens frauduleux.	

RECOURS A EXERCER.

Contre des locataires,
— des voisins,
— des Sociétés mutuelles,
— des incendiaires, etc.

———

Circonstances qui peuvent motiver ces recours.

———

Solvabilité des garants.

EXAMEN

DES DOMMAGES ET EXPERTISES.

Investigations faites pour reconnaître l'existence et la valeur des marchandises et
mobiliers assurés.

———

Nomination des experts; surveillance de
leurs opérations.

———

Appréciation de la valeur vénale et de la
différence du neuf au vieux.

———

Opinion sur le rapport des experts.

———

Opinion sur l'usage à faire par la Compagnie de la faculté de réparer, remplacer
ou reconstruire.

———

Motifs et moyens de transaction sur l'expertise.

DÉTAILS DIVERS.

Proposition du mode à suivre pour le payement, soit par un mandat sur la Compagnie à l'ordre de l'assuré, ou à négocier;
soit en un envoi d'espèces à faire par la
Compagnie, ou en un mandat à 30 ou 40
jours sur le receveur des finances de l'arrondissement ou du département.

———

Avis sur l'utilité de la résiliation de l'assurance.

———

Main-levée des saisies-arrêts ou oppositions
(*Voy.* art. 280 des Instructions générales).

———

Modèle n° 26.

SOMMATION

AUX LOCATAIRES, VOISINS, ETC.

L'an
A la requête, 1° de A   , propriétaire, demeurant à
Et 2° de la Compagnie anonyme d'assurance contre l'incendie *le Dragon*,
Agissant comme pouvant être subrogée aux droits dudit sieur A
Ladite Compagnie établie à Paris, place de la Bourse, n° 8; poursuites et diligences de M.   ,
son Directeur, à
L'un et l'autre faisant élection de domicile en ma demeure,

J'ai,   huissier   soussigné, signifié et déclaré à
M.   , demeurant à   , en son domicile, où étant, et parlant à
1°. Qu'un incendie a éclaté le   , dans une maison située à   ,
et appartenant au sieur A   , laquelle était assurée par la Compagnie
le Dragon ;
2°. Qu'il importe de faire constater les dommages occasionnés par cet incendie, tant pour que ledit sieur A
puisse jouir des bénéfices de son assurance, que pour éviter toutes détériorations ultérieures ;
3°. Qu'en vertu des articles 1733 et 1734 (ou 1382, 1383 et 1384) du Code civil, le sieur A
et la Compagnie *le Dragon* se croient fondés à exercer contre M.   une action
en garantie pour le montant des dommages.

En conséquence, sans rien préjuger sur la validité de ladite action, et réservant à M.   tous les
moyens de défense, je, huissier susdit, lui ai fait sommation de comparaître, ou se faire représenter, le
heure de   , à   , à l'effet d'être présent aux enquêtes et expertises
qui auront lieu par MM. B et C, faire tous dires et observations qu'il pourra éventuellement juger utiles à ses intérêts, et même y faire concourir, si bon lui semble, un troisième expert.

Lui déclarant que, faute par lui de se trouver ou de se faire représenter auxdits lieu, jour et heure, il sera procédé, en son absence, auxdites expertises et enquêtes, lesquelles seront réputées faites contradictoirement avec lui,
pour être ensuite par les requérants usé de leurs droits, comme ils le jugeront convenable.

Dont acte

Modèle n° **27**.　　**ACTE DE NOMINATION D'EXPERTS.**

Par la police n°　　　　de la direction de　　　　　　　　　, passée
le　　　　　　　　　　, pour　　　　　　ans, la Compagnie
anonyme *le Dragon* a assuré contre l'incendie à M.　　　　, demeurant
à　　　　　　　　　, une somme de
sur une maison* située à

Le　　　　　　　, à　　　　heure d　　　　un
incendie a endommagé (ou détruit) ladite maison**, et une déclaration portant la perte à la somme de　　　　　　　a été
faite à M. le juge de paix du canton de　　　　　　, par
M.　　　　　　, qui en avait remis une expédition à la
Compagnie.

Les parties, conformément à la police d'assurance, voulant faire procéder
à l'estimation des dommages, ont nommé pour leurs experts, savoir : M.

　　　　　, A

Et la Compagnie *le Dragon*, représentée par M.　　　　　　　　,
son directeur à　　　　　　　　　　, B

MM. les experts auront pour mission immédiate :

1°. De constater, autant que cela sera possible, la cause du sinistre ;

2°. De vérifier l'identité des lieux, ainsi que l'exactitude des déclarations
contenues dans la police, sur le genre des constructions et couvertures, et
la nature des risques, et d'examiner aussi s'il a été fait des changements ou
additions qui aient multiplié ou aggravé les chances d'incendie*** ;

3°. ****D'estimer la valeur de construction à neuf de ladite maison ;

Id.　　　　id.　　　　id.　　　　　　des parties sauvées intactes ;

Id.　　　　id.　　　　des parties sauvées avec avaries et débris ;

Id.　　　　la déduction à faire pour différence du neuf au vieux ;

Id.　　　　la valeur vénale qu'avait ladite maison avant l'incendie.

Si lesdits experts ne tombent pas d'accord, ils s'adjoindront un tiers expert,
avec lequel ils opèreront en commun, et dont, en cas de besoin, ils déféreront le choix au président du tribunal de commerce, ou, à défaut, au président
du tribunal civil de première instance de l'arrondissement. Ils sont dispensés
de toutes formalités judiciaires.

---

* Ou sur mobilier, marchandises, produits de récoltes existant dans une maison, etc.

** Ou ledit mobilier, etc.

*** Lorsqu'il s'agira d'objets mobiliers, marchandises, produits, récoltes, etc., on ajoutera : *enfin, de constater l'existence des objets assurés, au moment du sinistre.*

**** Ces questions doivent varier selon l'objet de l'assurance :
Pour le mobilier.
Pour les marchandises.
Pour récoltes, bestiaux, etc.,
Pour créances hypothécaires.

Toutefois, la Compagnie, en consentant à cette expertise, dans le but d'éviter toute détérioration ultérieure et d'arriver le plus tôt possible à l'exécution de ses engagements, ne le fait que sous réserve formelle de tous ses droits, notamment de ceux résultant des articles 5, 6, 7, 8, 9, 10 et 11 des Conditions générales de la police, pour le cas où M.   , par des infractions qui seraient reconnues pendant ou après l'expertise, aurait encouru une déchéance. La Compagnie n'entend point non plus, par ce consentement, renoncer à la faculté qu'elle s'est réservée par l'article 22 des conditions de ladite police, de faire réparer, reconstruire, ou de remplacer les objets incendiés.

Fait double à   , le

Nous, experts désignés dans le compromis qui précède, déclarons accepter la mission qui nous est confiée, et promettons de la remplir en notre âme et conscience.

A   , le

Modèle n° **28**. # PROCÈS-VERBAL D'EXPERTISE.

* On ajoutera, s'il y a lieu, *et jours suivants.*

** Nom, qualités et demeure de l'expert choisi par la Compagnie.

*** *Idem*, de l'expert choisi par l'assuré.

**** Nom, qualités et demeure du tiers expert.

***** Dire s'il a été nommé par les deux premiers experts ou par le président du tribunal.

S'il n'y a pas de tiers expert, on biffera les *trois* lignes ci-contre.

****** Si l'assurance est divisée en plusieurs articles, il faut une série de réponses séparées pour chaque article.

Nota. Si l'une des parties requiert l'insertion au procès-verbal de quelques dires ou protestations, on en fera mention ici.

L'an   et le   *

Nous, soussignés, B**   , demeurant à

et A***   , demeurant à   ,

experts choisis, le premier, par la Compagnie anonyme d'assurance contre l'incendie , *le Dragon*, et le second par M.   ; suivant compromis, en date du   , à l'effet de procéder à l'estimation des dommages causés par un incendie survenu le

aux objets que la Compagnie avait assurés à M.

Enfin, J****   , demeurant à   , tiers expert, nommé par*****   , à l'effet de concourir aux investigations et estimations requises;

Nous sommes transportés sur les lieux, et là, en présence des parties intéressées, avons procédé aux opérations qui nous ont été confiées.

Après nous être éclairés par tous les renseignements qu'il nous a été possible de recueillir, et après avoir établi des évaluations détaillées, que nous avons certifiées sur une feuille à part qui sera annexée au présent procès-verbal, nous répondons ainsi qu'il suit aux questions posées par le compromis.

Sur la première question ;

Sur la seconde question ;

Sur la troisième question****** ;

En foi de quoi nous avons dressé le présent procès-verbal, et en avons remis une expédition à chacune des parties, pour leur servir et valoir ce que de droit.

Fait et clos à   , le

Vu par nous, maire de la commune de   , pour légalisation des signatures des sieurs   de nous bien connus.

A   , le

ESTIMATION DÉTAILLÉE

BATIMENTS. *A annexer au Procès-Verbal, en date de ce jour, délivré par les Experts soussignés, à la Compagnie anonyme* LE DRAGON, *et à M.*

DÉSIGNATION DES OBJETS.	VALEUR DE CONSTRUCTION A NEUF avant l'incendie. MESURES et QUANTITÉS.	PRIX. f. c.	TOTAL. f. c.	SAUVETAGE INTACT. MESURES et QUANTITÉS.	TOTAL. f. c.	SAUVETAGE AVEC AVARIES. MESURES et QUANTITÉS.	PRIX. f. c.	TOTAL. f. c.	OBSERVATIONS. Énoncer ici brièvement en quoi consiste le dommage aux principaux objets avariés.
Maçonnerie............ le mètre.	293	14 »	4,102 »	80	1,120 »	30	9	270 »	
Cloisons de briques....... id.	60	6 »	360 »	15	90 »	27	5	135 »	
id. hourdées........ id.	45	4 50	202 50	10	45 »	10	3	30 »	
Plafonnages, aires et carrelages......	120	4 50	540 »	30	135 »	»	»	» »	
Couvertures............ le mètre.	150	5 »	750 »	50	250 »	»	»	» »	
Bois de charpente........ le stère.	12	100 »	1,200 »	2	200 »	30	2	60 »	
12 Portes en sapin, emboîtées en chêne, sans chambranle..........	12	11 »	132 »	4	44 »	2	6	12 »	
10 Fenêtres de 1 mètre 10 c. de haut.	10	20 »	200 »	3	60 »	3	5	15 »	
10 Contrevents id.	10	19 »	190 »	4	76 »	3	10	30 »	
Parquets.............. le mètre.	20	7 50	150 »	6	45 »	»	»	» »	
Lambris pour portes à panneaux, ... le mètre.	19	15 »	285 »	5	75 »	3	9	27 »	
			8,111 50		2,140 »			579 »	
OBJETS DIVERS.									
Gros fer pour les murs et planchers. .... les 100 kilogr.	250	80 »	200 »	50	40 »	50	30	15 »	
Ferrures des portes et fenêtres, peinture et vitrerie............	»	»	320 »	»	40 »	»	»	» »	
Plomb pour cheneaux et noues de lucarnes................	375	64 »	240 »	70	44 80	»	»	» »	
6 Chambranles de cheminées en marbre.............	6	30 »	180 »	3	90 »	»	»	» »	
Escalier en charpente, rampes, etc...	»	»	400 »	»	150 »	»	»	» »	
Débris et matériaux hors de service...	»	»	» »	»	» »	»	»	100 »	
			9,451 50		2,504 80				
Différence du neuf au vieux, eu égard à la date des constructions, 20 % à déduire..............			1,890 30		500 96				
			7,561 20		2,003 84			694 »	
A déduire : { sauvetage intact.............. 2,003 84 { sauvetage avec avaries....... 694 »			2,697 84						
Montant des dommages................			4,863 36						

Fait double à   *le*

ESTIMATION DÉTAILLÉE

MOBILIER. *Pour être annexée au Procès-Verbal, en date de ce jour, délivré par les experts soussignés à la Compagnie anonyme* LE DRAGON, *et à M*

DÉSIGNATION DES OBJETS.	NOMBRE.	VALEUR VÉNALE au moment DE L'INCENDIE.		OBJETS SAUVÉS INTACTS.		OBJETS SAUVÉS AVEC AVARIES.			OBSERVATIONS. Énoncer ici brièvement en quoi consiste le dommage aux principaux objets avariés.
		de chaque espèce. (f. c.)	TOTAL. (f. c.)	NOMBRE.	TOTAL. (f. c.)	NOMBRE.	valeur de chaque pièce. (f. c.)	TOTAL. (f. c.)	
MEUBLES ET USTENSILES DE MÉNAGE.									
Buffet en noyer	1	»	40 »	»	» »	»	»	» »	
Secrétaire en acajou	1	»	60 »	»	» »	»	»	30 »	
Bois de lit en acajou	2	50 / 70	120 »	1	50 »	1	»	20 »	
id. en chêne	2	30	60 »	»	» »	1	»	15 »	
Chaises en merisier	12	4	48 »	5	20 »	»	»	» »	
Matelas	4	60	240 »	1	60 »	»	»	» »	
id.	4	30	120 »	2	60 »	»	»	» »	
Traversins	4	10	40 »	1	10 »	»	»	» »	
Oreillers	6	6	36 »	2	12 »	»	»	» »	
Couvertures de laine	12	15	180 »	4	60 »	2	10	20 »	
Tables de nuit en acajou	2	15	30 »	»	» »	2	7 50	15 »	
Assiettes de porcelaine blanche	6 douz^{s}.	7	42 »	2 d. $\frac{1}{2}$	17 50	»	»	» »	
Verres	3 id.	6	18 »	»	» »	»	»	» »	
—	»	»	1034 »		289 50		»	100 »	
GLACES, PENDULES ET ORNEMENTS.									
Glaces	2	60 / 30	90 »	»	» »	1	»	20 »	
Pendules en bronze doré (sujet)	1	»	180 »	»	» »	1	»	120 »	
id. en acajou	1	»	60 »	1	60 »	»	»	» »	
Candélabres	2	»	100 »	»	» »	1	»	40 »	
—			430 »		60 »		»	180 »	
LINGE ET EFFETS D'HABILLEMENT.									
Chemises de toile pour homme	24	10	240 »	6	60 »	4	3	12 »	
Draps	12 pair.	20	240 »	3	60 »	3	6	18 »	
	12 id.	15	180 »	2	30 »	5	10	50 »	
Serviettes	44	2	88 »	30	60 »	»	»	» »	
	12	5	60 »	»	» »	»	»	» »	
Habit noir	1	»	70 »	1	70 »	»	»	» »	
Pantalon de drap	3	25	75 »	2	50 »	»	»	» »	
Gilets	4	10	40 »	»	» »	»	»	» »	
			993 »		330 »			80 »	

Modèle n° 29.

QUITTANCE

APRÈS PAYEMENT DE DOMMAGES.

* Énoncer si le payement a été fait en *espèces*, en *mandats* sur la Compagnie, ou en *bons sur le Trésor*.

** Dire ici si la police est *résiliée* ou *maintenue*.

Je soussigné,   , demeurant à .   , reconnais avoir reçu aujourd'hui de la Compagnie anonyme *le Dragon*, établie à Paris, et par les mains de M.   , agent de ladite Compagnie, en*   , la somme de   , montant des dommages, à la charge de la Compagnie, occasionnés par l'incendie survenu le   , aux objets que j'avais fait assurer par ladite Compagnie, suivant police passée le   , sous le n°   , laquelle est**

Au moyen de ce payement, je tiens quitte et je décharge la Compagnie *le Dragon* de toutes choses relatives audit incendie et aux dommages qui en sont résultés, et je la subroge, mais sans garantie, dans tous mes droits, actions et recours contre tous auteurs reconnus ou présumés dudit incendie, et autres garants généralement quelconques, même contre tous assureurs.

Fait à   , le   , mil huit cent

Nota. L'assuré doit approuver le contenu de la présente quittance, et sa signature doit être légalisée par le maire de la commune.

Dans le cas où l'assuré ne saurait ou ne pourrait signer, il faudrait suivre les prescriptions de l'article 280 des Instructions générales.

Modèle Nº 30.

MODÈLE

DE LA PROCURATION NOTARIÉE

Que doit donner, en cas de sinistre, un assuré illétré, afin qu'un tiers délivre en son nom quittance à la Compagnie.

Par-devant   est comparu
M.   , lequel donne pouvoir à M.
de, pour lui et en son nom, donner quittance à la Compagnie anonyme d'assurance contre l'incendie *le Dragon*, établie à Paris, place de la Bourse, nº 8, de toutes sommes qui sont dues audit constituant par ladite Compagnie, à cause de l'incendie survenu le

Consentir, si la Compagnie l'exige, à la résiliation de la police d'assurance; subroger ladite Compagnie dans tous ses droits, actions et recours contre tous autres auteurs reconnus ou présumés dudit incendie, et autres garants généralement quelconques; à cet effet, faire et signer tous actes; le constituant déclarant, d'ailleurs, donner, dès à présent, décharge pleine et entière à son mandataire de tout ce qu'il fera pour l'exécution du présent mandat.

Dont acte, fait et passé à   , en notre étude, ce jourd'hui   ,
en présence de témoins connus et requis, C.   et M.   , qui ont signé avec nous; ce que le constituant a déclaré ne savoir faire; de ce, tous requis et interpellés, après lecture faite.

Nota. Cette procuration doit être relatée dans la quittance et y être annexée.

Modèle **N° 31**.

LE DRAGON,

COMPAGNIE ANONYME D'ASSURANCE CONTRE L'INCENDIE.

AGENCE
DE ROUEN.

SINISTRE
DU 9 NOVEMBRE 1842.

BORDEREAU DE PAYEMENT.

Police N° 31, en date du 15 juin 1840, souscrite au profit de M. G. PAOLO.

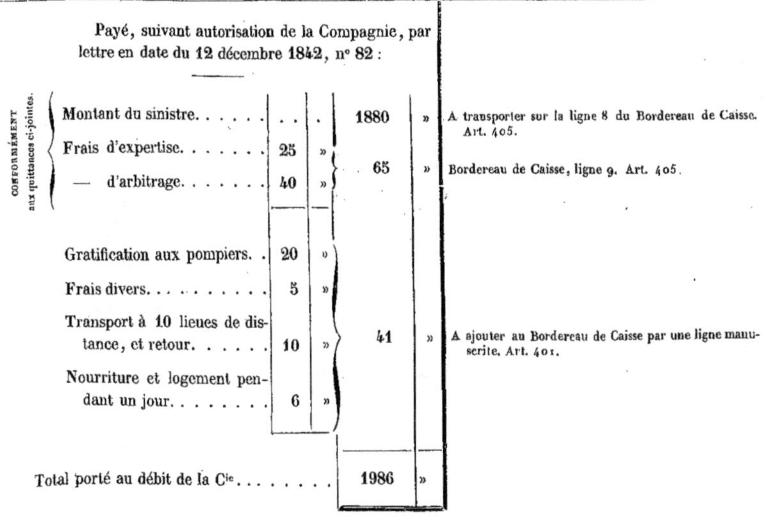

Payé, suivant autorisation de la Compagnie, par lettre en date du 12 décembre 1842, n° 82 :

Montant du sinistre		1880 »	A transporter sur la ligne 8 du Bordereau de Caisse. Art. 405.
Frais d'expertise	25 »		
— d'arbitrage	40 »	65 »	Bordereau de Caisse, ligne 9. Art. 405.
Gratification aux pompiers	20 »		
Frais divers	5 »		
Transport à 10 lieues de distance, et retour	10 »	41 »	A ajouter au Bordereau de Caisse par une ligne manuscrite. Art. 401.
Nourriture et logement pendant un jour	6 »		
Total porté au débit de la Cⁱᵉ		1986 »	

CONFORMÉMENT aux quittances ci-jointes.

Certifié véritable à Rouen, le 1ᵉʳ janvier 1843.

LE DIRECTEUR,

BEAUBLE.

NOTA. S'il y a eu opposition, il faut joindre la main-levée.

MM. les Directeurs sont priés de dresser un Bordereau conforme à ce modèle chaque fois qu'ils auront occasion de porter en compte le payement d'un sinistre.

Modèle N° 32.

Left-margin annotations (Millésimes. Art. 340.), row by row:

- **51** — Effet immédiat. Prime payée comptant. (Modèle 4.)
- **52** — Effet immédiat. Prime au comptant non acquittée. (Modèle 6.)
- **53** — Effet différé dans le mois de sa souscription. Durée de plus de 10 ans. (Modèle 7.)
- **54** — Effet différé. Dernière année gratuite. (Modèle 9.)
- **55** — Ass. à fraction d'année, avec prime payée par anticipation. (Pl. 10.)
- **56** — Effet différé. Durée de plus de 10 ans, avec dernière année gratuite. (Modèle 11.)
- **57** — Effet immédiat. Prime non payée. Assurance à annuler plus tard. (Modèle 12.)
- Arrêté mensuel. Art. 376, 377.
- Nom du mois. Art. 376.
- **58** — Effet immédiat. Prime payée, plaque donnée. (Modèle 13.)
- **59** — Effet immédiat. Objets situés dans diverses localités. (M. 14.)
- **60** — Effet immédiat. Augmentation de valeurs. (Modèle 17.)
- **61** — Effet immédiat. Diminution de valeurs. (Modèle 18.)
- **62** — Effet différé. Ass. de renouvellement. (M. 15.)
- **63** — Effet immédiat. Ass. par reprises. (M. 8.)
- **64** — Effet différé. Toutes les primes payées par anticipation. (M. 16.)
- **65** — Effet différé. Assur. par reprises. (M. 5.)
- Arrêté mensuel. Art. 376, 377.
- Clôture d'exercice. Art. 386, 387.

N°. des polices.	DATES — de la souscript.n des polices.	DATES — de l'effet des polices.	DATES — de l'expirat.on des polices.	DURÉE — ans.	DURÉE — mois.	DURÉE — jours.	NOMS, PRÉNOMS, QUALITÉS ET DEMEURES DES ASSURÉS.	SITUATION DU RISQUE.	VALEURS ASSURÉES.
1	2	3	4	5	6	7	8	9	10
	1842	1842	1852						
51	2 nov.	3 nov.	3 nov.	10	»	»	Joly (Jean-Baptiste), menuisier, à Rouen	4, Place Royale.	115,000
52	4 »	5 »	5 »	10	»	»	Perrot (Auguste), à Rouen.	5, rue du Marché.	60,000
53	6 »	28 »	28 nov. *(1856)*	14	»	»	Berton (Pierre-Louis)	17, rue Gr. Pont.	70,000
		1843	1853						
54	15 »	15 févr.	15 févr.	10	»	»	Martel (Joas), menuisier à Rouen	4, pl. de la Comédie.	41,000
		1842	1852						
55	20 »	21 nov.	31 mars.	9	4	9	Léoni (Gustave), entrepositaire à Rouen	15, rue Neuve.	35,000
		1843	1855						
56	28 »	4 avril.	4 avril.	12	»	»	Byron (Hector), cultivateur à Bapaume	Le Poirier.	76,500
		1842	1852						
57	30 »	1er déc.	1er déc.	10	»	»	Androuet (Louis-Antony), raffineur à Rouen	32, faub. St-Hilaire.	152,000
							Total du mois de novembre		549,500
							Report des mois précédents		1,154,000
							TOTAL GÉNÉRAL		1,703,500
	1842	1842	1852				*Mois de décembre*		
58	2 déc.	3 déc.	3 déc.	10	»	»	Garat, maître de forges à Deville	Deville.	152,200
			1850						
59	4 »	5 »	5 déc.	8	»	»	Androuet (J. M. Adolphe), à Deville	Deville, Maromme.	93,600
			1848						
60	6 »	7 »	24 mai.	5	5	17	Jourdan (Henri), commissionnaire de roulage à Rouen	12, rue Socrate.	75,000
			1850						
61	11 »	12 »	20 juin.	8	6	8	Letard et Anise, administrateurs du Théâtre des Arts à Rouen	1, pl. de la Comédie.	92,000
		1843	1853						
62	15 »	4 mai.	4 mai.	10	»	»	Bedea (Étienne), filateur, à Oissel	Oissel.	91,200
		1842	1852						
63	25 »	26 déc.	26 déc.	10	»	»	Erard (Jacques), épicier à Rouen	30, rue Notre-Dame.	75,000
		1843	1850						
64	26 »	15 févr.	15 févr.	7	»	»	Arnould (Eugène), rentier à Rouen	25, r. Contrat Social.	50,000
		1843	1853						
65	29 »	12 mars.	12 mars.	10	»	»	Godard (Théophile), propriétaire, à Rouen	4, rue du Renard.	100,000
							Total du mois de décembre		729,000
							Report des mois précédents		1,703,500
							TOTAL GÉNÉRAL		2,432,500

PLAQUES et PRIX des polices (colonnes 11 à 16) :

N°. des polices.	PLAQUES — Nombre — Gr.	PLAQUES — Nombre — P.	PLAQUES — Prix — reçu comptant.		PLAQUES — Prix — payement différé.		PRIX des polices — reçu comptant.	PRIX des polices — payement différé.
1	11	12	13		14		15	16
51	1	»	2	25	»	»	2	»
52	»	»	»	»	»	»	»	2
53	»	1	»	»	1	50	»	2
54	»	1	»	»	1	50	»	2
55	»	1	1	50	»	»	2	»
56	1	»	»	»	2	25	»	2
57	»	1	»	»	1	50	»	2
Total du mois de novembre	2	4	3	75	6	75	4	10
Report des mois précédents	15	30	60	»	18	75	78	22
TOTAL GÉNÉRAL	17	34	63	75	25	50	82	32
58	»	1	»	»	»	»	2	»
59	»	1	1	50	»	»	2	»
60	»	»	»	»	»	»	»	2
61	»	»	»	»	»	»	2	»
62	»	»	»	»	»	»	»	2
63	»	1	1	50	»	»	2	»
64	1	»	2	25	»	»	2	»
65	»	1	»	»	1	50	»	2
Total du mois de décembre	1	4	5	25	1	50	10	6
Report des mois précédents	17	34	63	75	25	50	82	32
TOTAL GÉNÉRAL	18	38	69	»	27	»	92	38

Je, soussigné, Directeur de Rouen, déclare que toutes les polices souscrites par moi dans l'exercice 1842, de 2,432,500 francs, et présentent en primes acquises un total général de 59,879 fr. 05 cent.

d'Assurances.
LIVRE D'INSCRIPTION.

PRIMES DE 1re ANNÉE AU COMPTANT – encaissées	non encaissées	PRIMES A ÉCHOIR EN 1842	1843	1844	1845	1846	1847	1848	1849	1850	1851	TOTAL des primes à échoir	Nos de résiliation et d'extinction	OBSERVATIONS
17	18	19	20	21	22	23	24	25	26	27	28	29	30	31
54,50	»	»	54,50	54,50	54,50	54,50	54,50	54,50	54,50	54,50	54,50	490,50		Art. 290, 306.
»	28,50	»	28,50	28,50	28,50	28,50	28,50	28,50	28,50	28,50	28,50	256,50		Art. 287, 308.
»	68,50	»	68,50	68,50	68,50	68,50	68,50	68,50	68,50	68,50	[5] 342,50	890,50		Art. 292, 309.
»	»	»	36,50	36,50	36,50	36,50	36,50	36,50	36,50	36,50	[G] 36,50	328,50		Art. 292, 341.
20,10	»	»	58,75	58,75	58,75	58,75	58,75	58,75	58,·5	58,75	58,75	528,75		Échéance de mars. Art. 307.
»	»	»	157,85	157,85	157,85	157,85	157,85	157,85	157,85	157,85	[3.G.] 473,55	1736,35		1843, payé par anticipation. Art. 292, 341.
»	768	»	768,»	768,»	768,»	768,»	768,»	768,»	768,»	768,»	G,»	6144,»	12	Annulée. Art. 308, 343.
74,60	865,»	»,»	1172,60	1172,60	1172,60	1172,60	1172,60	1172,60	1172,60	1172,60	994,30	10375,10		
1822,45	465,20	318,40	3240,»	3240,»	3240,»	3165,20	3165,20	3118,»	3118,»	3118,»	2247,20	27970,»		
1897,05	1330,20	318,40	4412,60	4412,60	4412,60	4337,80	4337,80	4290,60	4290,60	4290,60	3241,50	38345,10		

Décembre 1842.

PRIMES DE 1re ANNÉE AU COMPTANT – encaissées	non encaissées	PRIMES A ÉCHOIR EN 1842	1843	1844	1845	1846	1847	1848	1849	1850	1851	TOTAL des primes à échoir	Nos de résiliation et d'extinction	OBSERVATIONS
279,90	»	»	279,90	279,90	279,90	279,90	279,90	279,90	279,90	279,90	279,90	2519,10		Art. 290, 306, 325.
293,45	»	»	293,45	293,45	293,45	293,45	293,45	293,45	293,45	»	»	2054,15		Art. 290, 333.
»	70,50	»	150,»	150,»	150,»	150,»	150,»	»	»	»	»	750,»		Échéance de mai, augmentation à la police n° 7. Art. 293, 308.
»	»	»	920,»	920,»	920,»	920,»	920,»	920,»	920,»	920,»	»,»	7360,»		Échéance de juin, A. et B., police n° 32. Art. 294.
»	»	»	366,80	366,80	366,80	366,80	366,80	366,80	366,80	366,80	[2] 733,60	3668,»		Renouvellement de la police n° 4. Art. 295.
43,70	»	»	43,70	43,70	41,50	41,50	41,50	41,50	41,50	41,50	41,50	377,90		Comp. Roy., n° 462, 25 déc. 1840, 5 ans, 52,000f, 2g. 50c. Art. 296, 344.
»	»	»	20,»	20,»	20,»	20,»	20,»	20,»	20,»	»	»	140,»		1843 à 1849, payé par anticipation. Art. 292, 314.
»	»	»	75,»	75,»	75,»	75,»	75,»	75,»	75,»	75,»	[2] 150,»	750,»		Mutuelle, n° 705, 12 mars 1838, 100,000 francs, durée et prime inconnues. Art. 296, 344.
617,05	70,50	»,»	2148,85	2148,85	2146,65	2146,65	2146,65	1996,65	1996,65	1683,20	1205,»	17619,15		
1897,05	1330,20	318,40	4412,60	4412,60	4412,60	4337,80	4337,80	4290,60	4290,60	4290,60	3241,50	38345,10		
2514,10	1400,70	318,40	6561,45	6561,45	6559,25	6484,45	6484,45	6287,25	6287,25	5973,80	4446,50	55964,25		

ont été régulièrement inscrites sur le présent registre, sous les n° 36 à 65; qu'elles assurent en totalité une valeur

Rouen, 1er janvier 1843.

BEAUBLE.

Modèle n° 33.

Journal

DEUXIÈME PARTIE.

Mois de

Pas de mutation dans ce mois-ci.

Mois de

Observations	NUMÉROS d'ordre d'annul. et d'extinct. (1)	de l'inscript. des polices. (2)	DATES de L'EFFET des polices. (3)	ans. (4)	mois. (5)	jours. (6)	NOMS ET PRÉNOMS des ASSURÉS. (7)	DATES de l'annulation. (8)	de l'effet de l'annulation. (9)	VALEURS annulées. (10)	éteintes. (11)	Gr. (12)	Pet. (13)	PRIX. (14)	du prix des polices différées. (15)
Mois *néant.* Art. 378, 379.															
Annulation avant effet. Art. 300, 301.	11	57	1842 1 décemb.	10	»	»	Androuet (L.-Autony)....	1842 9 déc.	1842 1 déc.	152000	»	»	1	1 50	2
Résiliation après effet, cause de diminution de valeurs. Art. 294, 300, 303.	12	32	1840 20 juin.	6	»	»	Letard et Anise.........	11 »	12 »	120000	»	»	»	»	»
Résiliat. après effet, avec dernière année gratis. Art. 303, 355.	13	31	15 »	11	»	»	Paolo (Georges).........	12 »	15 juin.	14000	»	»	»	»	»
Résiliat. après effet, avec prime d'indemnité. Art. 303, 304.	14	10	1839 25 mai.	8	6	15	Larcis (Alexandre).......	15 »	10 déc.	30000	»	»	»	»	»
Extinction. Police arrivée au terme de son expiration. Art. 300, 305, 351.	15	7	1838 15 déc.	4	»	»	Rabut (Michel)..........	18 »	15 »	»	24200	»	»	»	»
Annulat. avant effet d'une police à effet différé, avec plus de 10 primes à annuler. Art. 301, 355.	16	38	1842 28 juin.	12	»	»	Baron (Hippolyte).......	» »	28 juin.	18000	»	»	1	1 50	2
Résiliat. après effet. 1re prime à annuler antérieure au millésime de l'année courante. Art. 303, 356.	17	2	1837 5 nov.	10	»	»	Noémi (Gustave).........	24 »	1840 5 nov.	20000	»	»	»	»	»
Annulat. d'une ass. après effet, mais dont on rembourse la prime perçue. Art. 302.	18	46	1842 30 sept.	6	»	»	Rizler (Williams)........	28 »	1842 30 sept.	60000	»	»	»	»	»
Arrêté mensuel d'un 1er mois. A. 376, 379.							Total du mois de décembre...........			414000	24200	»	2	3 »	4
Arrrêté des mois suivants. Art. 377, 379.							*Report des mois précédents.*...........			543000	81000	»	1	1 50	2
Total général pour chaque mois, et total général de l'année. Art. 377, 379.							Total général...........			957000	105200	»	3	4 o	6
Clôture d'un exercice. Art. 386, 387, 388.															

Je, soussigné, Directeur de Rouen, déclare que toutes les polices annulées par moi dans l'exercice 1842, ont 1,062,200, et présentent en primes annulées un total général de 35,054 fr. 25 c.

d'Assurances.

LIVRE D'ANNULATION.

ANNULATION DES PRIMES — A ÉCHOIR EN

Novembre **1842.**

Décembre **1842.**

au comptant, non encaissées		1842		1843		1844		1845		1846		1847		1848		1849		1850		1851		TOTAL des primes à échoir annulées		OBSERVATIONS et motifs de l'annulation
16		17		18		19		20		21		22		23		24		25		26		27		28
768	»	»	»	768	»	768	»	768	»	768	»	768	»	768	»	768	»	768	»	G	»	6144	»	Il croyait pouvoir s'assurer pour un prix moindre, et n'a pas voulu signer.
»	»	»	»	1200	»	1200	»	1200	»	»	»	»	»	»	»	»	»	»	»	»	»	3600	»	Diminution de valeurs, remplacé par police n° 61.
»	»	»	»	8	25	8	25	8	25	8	25	8	25	8	25	8	25	8	25	G	»	66	»	Résiliée après sinistre.
»	»	17	»	17	»	17	»	17	»	17	»	»	»	»	»	»	»	»	»	»	»	85	»	Il quitte le pays et veut régulariser ses affaires. Prime d'indemnité.
»	»	»	»	»	»	»	»	»	»	»	»	»	»	»	»	»	»	»	»	»	»	»	»	Police éteinte.
»	»	15	60	15	60	15	60	15	60	15	60	15	60	15	60	15	60	15	60	$\frac{3}{46}$	80	187	20	Mort. On a tout vendu après décès.
»	»	$\frac{3}{36}$	»	12	»	12	»	12	»	12	»	12	»	»	»	»	»	»	»	»	»	96	»	Mauvais payeur. En fuite.
61	50	61	50	61	50	61	50	61	50	61	50	»	»	»	»	»	»	»	»	»	»	307	50	Résiliée par ordre de la Direction générale. Lettre n° 98.
829	50	138	35	2082	35	2082	35	2082	35	882	35	803	85	791	85	791	85	783	60	46	80	10485	70	
120	»	3421	30	4115	25	4115	25	3728	10	3114	40	2040	85	1231	15	1231	15	1004	30	217	30	24219	05	
949	50	3559	65	6197	60	6197	60	5810	45	3996	75	2843	70	2023	»	2023	»	1787	90	264	10	34704	75	

été régulièrement inscrites sur le présent registre, sous les nos 7 à 18; qu'elles annulent en totalité une valeur de

Rouen, 1er *janvier* **1843.**

BEAUBLE.

Modèle n° 34.

Libre

	DATES.		NATURE DES RECETTES.	SOMMES.		OBSERVATIONS.
		1842				
Art. 360, 362.	2	novembre.	Reçu de JOLY, prime au comptant, n° 51....................................	54	50	
— 363, 364.	»	»	— du même, pour une grande plaque et une police, n° 51....................	4	25	
— 360, 362.	21	»	— de LÉONI, prime au comptant, n° 55...................................	20	10	
— 363, 364.	»	»	— du même, pour une petite plaque et une police, n° 55....................	3	50	
— 315, 362.	»	»	— du même, par anticipation, prime à terme 1843, n° 55...................	58	75	
— 360, 373.	22	»	— de JANIS, prime n° 207, envoyée à l'encaissement par la Direction générale......	60	»	Lettre n° 50.
— 385.	24	»	Rectification à mon débit aux bordereaux de septembre et d'octobre..............	18	20	Lettre n° 54.
— 384.	26	»	Pour contre-passer le trop porté en dépense au 10 octobre dernier, sur les affiches......	5	»	
				224	**30**	
		1842				
Article 381.	1	décembre.	Report à nouveau, du solde au 30 novembre..............................	128	10	
— 360, 362.	2	«	Reçu de PERROT, prime au comptant arriérée, n° 52.......................	28	50	
— 360, 364.	»	»	— du même, prix de la police n° 52....................................	2	»	
— 360, 362.	»	«	— de GABAT, prime au comptant, n° 58................................	279	90	
— 360, 364.	»	»	— du même, prix de la police n° 58....................................	2	»	
— 360, 362.	4	»	— d'ANDROUET, prime au comptant, n° 59..............................	293	45	
— 363, 364.	»	»	— du même, pour une petite plaque et une police, n° 59....................	3	50	
— 360, 362.	5	«	— de NARCIS, prime de première année à effet différé, n° 41.................	17	80	
— 360, 364.	»	»	— du même, prix de la police n° 41....................................	2	»	
— 360, 362.	9	«	— de TALISSET, prime à terme 1842, n° 25..............................	36	»	
— 360, 364.	11	»	— de LETARD et ANISE, prix de la police n° 61...........................	2	»	
— 360, 361.	14	«	— de la Direction générale en compte pour payer le sinistre PAOLO.............	2500	»	
— 319, 362.	15	»	— de LARCIS, prime d'indemnité 1842, n° 10.............................	17	»	
— 360, 362.	25	»	— d'ERARD, prime au comptant, n° 63.................................	43	70	Reprise sur la Royale.
— 363, 364.	»	»	— du même, pour une petite plaque et une police, n° 63....................	3	50	
— 315, 362.	26	»	— d'ARNOULD, par anticipation, primes à terme 1843 à 1849, n° 64...........	140	»	1843 est de 1re année, à effet différé.
— 363, 364.	»	»	— du même, pour une grande plaque et une police n° 64....................	4	25	
— 360, 362.	28	«	— de LAMOURO, prime au comptant, police n° 45.........................	4	»	Police de sept. qui n'a été signée qu'en décembre.
— 363, 364.	»	»	— du même, pour une petite plaque et une police n° 45....................	3	50	
— 384.	30	»	A diminuer la commission de 40 p. o/o perçue sur la prime RIZLER, remboursée ce jour..	24	60	
				3535	**80**	

Article 389.

Je, soussigné, Directeur de Rouen, déclare que toutes les recettes et dépenses faites par moi pour le compte de la 31 décembre 1842, est de la somme de cent vingt francs soixante-cinq centimes, en faveur de la Compagnie.

de Caisse.

DATES.		NATURE DES DÉPENSES.	SOMMES.		OBSERVATIONS.	
	1842					
1	novembre.	Report à nouveau, du solde au 31 octobre............	24	6o		Art. 381.
5	»	Omis le payement fait au *Colibri*, pour insertions le 15 septembre dernier....	11	5o		— 384.
22	»	5 p. o/o sur la prime JANIS, n° 207...............	3	»		— 373.
24	»	Rectification à mon crédit aux bordereaux de septembre et d'octobre...........	6	»	Lettre n° 54.	— 385.
3o	»	Allocation sur deux plaques...................	1	»		— 368. 369.
»	»	— sur deux polices...................	2	»		— 368, 369.
»	»	Commissions sur primes, conformément à mon bordereau de ce jour...........	48	1o		— 368, 370.
			96	20		
		Solde en faveur de la Compagnie...............	128	1o		— 38o.
			224	3o		
	1842					
2	décembre.	Port de lettre de la Direction générale............	»	4o	Lettre n° 78.	— 365, 366.
14	»	— d'un paquet par les Messageries............	1	75	Envoi de matériel.	— 365, 366.
16	»	Payé à PAOLO pour sinistre survenu le 9 novembre, à Rouen, sur objets assurés par police n° 31..............	188o	»		— 365, 4o5.
»	»	Frais d'expertise et d'arbitrage du sinistre PAOLO...........	65	»		— 365, 4o5.
»	»	Gratification et frais divers à l'occasion du même sinistre..........	25	»		— 365, 4o5.
»	»	Frais de voyage, transport et nourriture...........	16	»		— 365, 4o5.
20	»	Acquit d'un mandat à vue tiré par la Direction générale........	6oo	»	Lettre n° 94.	— 367.
26	»	Payé à la Compagnie royale, prime de reprise 1842, ERARD, police n° 63..........	29	5o		— 32o, 366.
»	»	Remise de 5 p. o/o sur 14o francs payés par anticipation, police n° 64........	7	»		— 219.
29	»	Signification de reprise à la Compagnie Royale et à la Mutuelle..........	11	»		— 201. 365.
»	»	Remboursé à RIZLER la prime au comptant n° 46, reçue le 3o septembre dernier......	61	5o	Par ordre de la Direction générale. Lettre n° 98.	— 238, 365.
3o	»	Acquitté un mandat de la Direction générale au 29 courant...........	5oo	»	Lettre n° 86.	— 367.
»	»	Allocation sur quatre plaques...................	2	»		— 368, 369.
»	»	— sur huit polices...................	8	»		— 368, 369.
»	»	Commissions sur primes, suivant bordereau n° 1......	163	20		— 368, 370.
»	»	— — suivant état n° 4............	44	8o		— 368, 370.
			3415	15		
		Solde en faveur de la Compagnie.............	12o	65		— 38o.
			3535	8o		

Compagnie durant l'exercice 1842, ont été régulièrement inscrites sur le présent livre de Caisse, et que le solde, au

Rouen, le 1er janvier 1843.

BEAUBLE.

Modèle n° 35.

DIRECTION
DE ROUEN,
Dép. de la Seine-Inférieure.

M. BEAUBLE.

LE DRAGON,
COMPAGNIE ANONYME D'ASSURANCES CONTRE L'INCENDIE.

N° 1. — *Bordereau mensuel d'inscription.*

MOIS D'INSCRIPTION.

Décembre 1842.

Art.	Nº police (1)	Effet (2)	Expéd. (3)	Ans (4)	Mois (5)	Jours (6)	Noms et prénoms des assurés (7)	Valeurs assurées (8)	Gr. (9)	Pet. (10)	Reçu compt. (11)	Payem. différé (12)	Reçu compt. (13)	Payem. différé (14)	Encaissées (15)	Non encaissées (16)	Primes à échoir (17)	Taux p.o/o (18)	Montant (19)	Observations (20)
Articles:		1842	1852																	
394.	57	1er déc.	1er déc.	10	»	»	Androuet (L.-Antony).	152,000	»	1	» »	1 50	»	2	» »	768 »	6,144 »	»	» »	Border. de Nov. Voir Border. d'annulation.
393, 396.	45	28 sept.	28 sept.	10	»	»	Lamourd (Joseph)...	4,000	»	1	1 50	» »	2	»	4 »	» »	36 »	40	1 60	Bordereau de Sept.
393.								156,000	»	2	1 50	1 50	2	2	4 »	768 »	6,180 »		1 60	
395, 396.	58	1842 3 déc.	1845 3 déc.	10	»	»	Gabat aîné.	152,000	»	1	» »	» »	2	»	279 90	» »	2,519 10	40	111 95	
395, 396.	59	5 »	1850 5 déc.	8	»	»	Androuet (J.-M.-Ad).	93,600	»	1	1 50	» »	2	»	293 45	» »	2,054 15	15	44 »	
293, 395.	60	7 »	1848 24 mai.	5	5	17	Jourdan (Henri)...	75,000	»	»	» »	» »	»	2	» »	70 50	750 »	»	»	a Augm. à la police N° 7.
294, 395.	61	12 »	1850 20 juin.	8	6	8	Letard et Anise...	92,000	»	»	» »	» »	2	»	» »	» »	7,360 »	»	»	A. et R. pol. n° 3a.
392.	62	1843 4 mai.	»	»	»	»	Bedéa (Étienne)...	»	»	»	» »	» »	»	»	» »	» »	»	»	»	Sa pol. N° 4 expire en Mai proch. J'ai préparé celle ci pour la lui faire signer à l'occasion.
296, 396.	63	1842 26 déc.	1852 26 déc.	10	»	»	Érard (Jacques)...	75,000	»	1	1 50	» »	2	»	43 70	» »	377 90	40	5 65	Voir l'État des Reprises.
314, 395.	64	1843 15 fév.	1850 15 fév.	7	»	»	Arnould (Eugène)...	50.000	1	»	2 25	» »	2	»	» »	» »	140 »	»	»	Toutes les primes sont payées par anticipation.
296, 395.	65	12 mars.	1853 12 mars.	10	»	»	Godard (Théophile).	100,000	»	1	» »	1 50	»	2	» »	» »	750 »	»	»	Voir l'État des Reprises.
								637,800	1	4	5 25	1 50	10	4	617 05	70 50	13,951 15		161 50	
397.							Report.	156,000	»	2	1 50	1 50	2	2	4 »	768 »	6,180 »		1 60	
								793,800	1	6	6 75	3 »	12	6	621 05	838 50	20,131 15		163 20	

Certifié le présent Bordereau conforme aux polices jointes et à mon Journal d'Assurances.

Rouen, le 1er janvier 1843.

BEAUBLE.

Modèle n° 36.

DIRECTION
DE ROUEN,
Dép. de la Seine-Inférieure.

M. BEAUBLE.

LE DRAGON,

COMPAGNIE ANONYME D'ASSURANCES CONTRE L'INCENDIE.

MOIS D'INSCRIPTION.

Décembre 1842.

N° 2. — *Bordereau mensuel d'annulation.*

	NUMÉROS d'ordre d'annul. et d'extinct. (1)	NUMÉROS d'inscription des polices. (2)	DATE de l'effet des polices. (3)	DURÉE de l'assur. (4)	(5)	(6)	NOMS ET PRÉNOMS des ASSURÉS. (7)	DATE de l'effet de l'annulation. (8)	VALEURS annulées. (9)	VALEURS éteintes. (10)	Gr. (11)	Pet. (12)	PRIX (13)		du prix des polices différées. (14)	des primes au comptant non encaissées. (15)		NOMBRE des primes à échoir annulées. (16)	MONTANT total DES PRIMES à échoir annulées. (17)		OBSERVATIONS ET MOTIFS DE L'ANNULATION. (18)
Art. 3o1, 398.	11	57	1842 — 1er déc.	10	»	»	Androuet (L.-Antony).	1842 — 1 déc.	152000	»	»	1	1	50	2	768	»	8	6144	»	Il croyait pouvoir s'assurer pour un prix moindre, et n'a pas voulu signer.
— 294, 398.	12	32	1840 — 20 juin.	6	»	»	Letard et Anise.....	12 »	120000	»	»	»	»	»	»	»	»	3	3600	»	Diminution de valeur. Remplacé par police n° 61.
— 283, 398.	13	31	15 »	11	»	»	Paolo (Georges).....	15 juin.	14000	»	»	»	»	»	»	»	»	8	66	»	Résilié après sinistre.
— 3o4, 398.	14	10	1839 — 25 mai.	8	6	15	Larois (Alexandre),...	10 déc.	30000	»	»	»	»	»	»	»	»	5	85	»	Il quitte le pays et veut régulariser ses affaires. Prime d'indemnité.
— 3o5, 398.	15	7	1838 — 15 déc.	4	»	»	Ramot (Michel)......	15 »	»	24200	»	»	»	»	»	»	»	»	»	»	La police éteinte.
— 3oo, 398.	16	38	1842 — 28 juin.	12	»	»	Baron (Hippolyte)....	28 juin.	18000	»	»	1	1	50	2	»	»	12	187	20	Mort. On a tout vendu après décès.
— 3oo, 398.	17		1837 — 5 nov.	10	»	»	Noemi (Gustave).....	1840 — 5 nov.	20000	»	»	»	»	»	»	»	»	8	96	»	Mauvais payeur. En fuite.
— 3o2, 398.	18	46	1842 — 30 sept.	6	»	»	Rizler (Williams).....	1842 — 30 sept.	60000	»	»	»	»	»	»	61	50	5	307	50	Résilié par ordre de la Direction génér. Lettre n° 98.
— 400.									414000	24200	»	2	3	»	4	829	50		10485	70	

Certifié le présent Bordereau conforme aux polices annulées et à mon Journal d'Assurances.

Rouen, le 1er janvier 1843.

BEAUBLE.

Modèle N° 37.

DIRECTION DE ROUEN, Dép. de la Seine-Inférieure. — M. BEAUBLE.

LE DRAGON,
COMPAGNIE ANONYME D'ASSURANCES CONTRE L'INCENDIE.

N° 3. — Bordereau mensuel de caisse.

RECETTES

Art.	N°	NATURE DES RECETTES.	Détail	SOMMES. (fr. / c.)	OBSERVATIONS.
Art. 381.	1	Solde en faveur de la Compagnie au dernier Bordereau..................		128 / 10	
— 403.	2	Total des primes au comptant encaissées suivant Bordereau n° 1..........		621 / 05	
— 403.	3	Reçu pour primes au comptant arriérées, suivant État n° 4................		4 / 50	
— 403.	4	— primes à terme échues, suivant État n° 4..................		173 / 80	
— 403.	5	— primes d'indemnité, suivant État n° 4..................		17 / »	
	6	— prix de 4 plaques encaissées, suiv. Bordereau n° 1..	6 / 75	} 6 / 75	
— 403.	7	— id. — plaques différées, suivant État n° 4.......	» / »		
	8	— id. — 6 polices encaissées, suiv. Bordereau n° 1..	12 / »	} 16 / »	
— 403.	9	— id. — 2 polices différées, suivant État n° 4......	4 / »		
— 401.		*Reçu de la Direction générale pour payer le sinistre Paolo..................*		2500 / »	
— 401.		*A diminuer la commission de 40 p. o/o perçue sur la prime Rizler, remboursée par ordre de la Direction........*		24 / 60	
— 380.				3535 / 80	

DÉPENSES

N°	NATURE DES DÉPENSES.	Détail	SOMMES. (fr. / c.)	OBSERVATIONS.	Art.
1	Solde en ma faveur au dernier Bordereau.		» / »		
2	Total des commissions sur primes au comptant encaissées, suiv. Bordereau n° 1..		163 / 20		Art. 401.
3	— id. — sur primes encaissées, suivant État n° 4............		44 / 80		— 401.
4	Allocation à 50 c. sur 4 plaques encaissées suiv. Bordereau n° 1.	2 / »	} 2 / »		— 404.
5	— id. — sur plaques encaissées, suivant État n° 4...	» / »			
6	Allocation à 1 fr. sur 6 polices encaissées, suivant Bordereau n° 1	6 / »	} 8 / »		— 404.
7	— id. — sur 2 polices encaissées, suivant État n° 4......	2 / »			
8	Payé pour sinistre, suivant note détaillée à l'appui..................		1880 / »	Voir Bordereau de payement ci-joint. (Modèle n° 31.)	— 405.
9	— frais judiciaires, d'expertise ou de signification, suivant pièces à l'appui..................		76 / »		— 402, 405.
10	— primes de reprises, suiv. quittances à l'appui (*Compagnie Royale*)..		29 / 50	Érard. Police 63.	— 401.
11	— frais de publicité, suivant quittances à l'appui..		» / »		
12	— port de paquets et lettres de la Direction générale. (Détails à la colonne d'observation.)..................		2 / 15	Lettre n° 78, et envoi de matériel.	— 401.
13	Acquitté le mandat de la Compagnie au 29 décembre..................		500 / »		— 406.
	— id. — à vue.		600 / »		— 406.
	Remise de 5 p. o/o à Arnould sur 7 primes payées par anticipation........		7 / »		— 401.
	Remboursé à Rizler la prime au comptant n° 46..............		61 / 50	Par ordre de la Direct. gén., lettre n° 98.	— 401.
	Frais divers au sinistre Paolo........		4 / »	Voir Bordereau de payement ci-joint.	— 401, 405.
			3415 / 35		
	Solde en faveur de la Compagnie.......		120 / 65		— 407.
			3535 / 80		

Certifié le présent Bordereau conforme à mon Livre de Caisse, et soldant en faveur de la Compagnie par cent vingt francs soixante-cinq centimes.

Rouen, le 1er janvier 1843.   BEAUBLE.

Modèle n° 38.   LE DRAGON

DIRECTION
DE ROUEN,
Dép. de la Seine-Inférieure.

M. BEAUBLE.

LE DRAGON,
COMPAGNIE ANONYME D'ASSURANCES CONTRE L'INCENDIE.

N° 4. — *État mensuel des Primes échues encaissées.*

MOIS D'INSCRIPTION.

Décembre 1842.

	NUMÉROS DES POLICES.	NOMS ET PRÉNOMS DES ASSURÉS.	ÉCHÉANCES DES PRIMES.	DATES DU PAYEMENT.	PLAQUES DIFFÉRÉES ENCAISSÉES. NOMBRE. Grandes.	Petites.	PRIX.	PRIX des polices différées encaissées.	PRIMES AU COMPTANT ARRIÉRÉES.		A TERME ENCAISSÉES.		D'INDEMNITÉ pour résiliation.		COMMISSIONS sur primes encaissées. TAUX p. %.	MONTANT.	
	1	2	3	4	5	6	7	8	9		10		11		12	13	
Article 414.	52	PERROT (Auguste)..	5 Novembre 1842.	2 Décembre 1842.	»	»	»	»	2	28	50	»	»	»	»	40	11	40
— 415.	41	NARCIS (Camille)...	4 Décembre »	5 » »	»	»	»	»	2	»	»	17	80	»	»	40	7	10
— 415.	25	TALISET (Nestor)...	7 Novembre »	9 » »	»	»	»	»	»	»	»	36	»	»	»	10	3	69
— 416.	12	LARCIS (Alexandre).	10 Décembre »	15 » »	»	»	»	»	»	»	»	»	»	17	»	10	1	70
— 415.	64	ARNOULD (Eugène).	15 Février 1843.	26 » »	»	»	»	»	»	»	»	20	»	»	»	15	3	»
— 415.	64	Le même.........	15 » 1844 au 15 Février 1849.	» » »	»	»	»	»	»	»	»	120	»	»	»	15	18	»
— 417.					»	»	»	»	4	28	50	193	80	17	»		44	80

LE DRAGON,

DIRECTION
DE ROUEN,
Dép. de la Seine-Inférieure.

M. BEAUBLE.

COMPAGNIE ANONYME D'ASSURANCES CONTRE L'INCENDIE.

N° 5. — *État mensuel des Reprises.*

MOIS D'INSCRIPTION.

Décembre 1842.

	POLICES DU DRAGON.		NOMS	POLICES DES AUTRES COMPAGNIES							VALEURS	PRIMES		A PAYER PAR LE DRAGON.		MONTANT	
	NUMÉROS.	DATE DE L'EFFET.	ET PRÉNOMS DES ASSURÉS.	NOM DE LA COMPAGNIE.	NUMÉRO DE LA POLICE.	EFFET DE LA POLICE.	Ans.	Mois.	Jours.		ASSURÉS.	ANNUELLES.		ANNÉES où commence et finit le payement.	NOMBRE DE PRIMES.	TOTAL DES PRIMES.	
	1	2	3	4	5	6	7	8	9		10	11		12	13	14	
Art. 422.	63	1842. 26 Décembre.	ÉRARD (Jacques). . . .	Cie Royale.	462	1840. 25 Décembre.	5	»	»		52,000	29	50	1842. 1844.	3	88	50
— 418 et suiv.	65	1843. 12 Mars....	GODARD (Théophile)..	Mutuelle.	705	1838. 12 Mars....		Inconnue.			100,000	Variable.		Inconnu. d°.	»	»	»
— 423.											152,000	29	50			88	50

Modèle Nº 40.

DIRECTION
DE ROUEN.

M. BEAUBL[...]

LE DRAGON,

COMPAGNIE ANONYME D'ASSURANCES CONTRE L'INCENDIE.

TRIMESTRE

d'octobre à déc. 1842.

Nº 6. — *État trimestriel des Primes échues et non encaissées.*

NUMÉROS DES POLICES.	NOMS ET PRÉNOMS DES ASSURÉS.	ÉCHÉANCES DES PRIMES NON ENCAISSÉES.	PRIMES AU COMPTANT ARRIÉRÉES.		PRIMES A TERME ÉCHUES.		MOTIFS DU RETARD DE PAYEMENT.
1	2	3	4		5		6
53	BERTON (Pierre-Louis)..	28 Novembre 1842.	68	50	»	»	Doit venir payer dans la première quinzaine de janvier.
60	JOURDAN (Henri)......	7 Décembre *id*...	70	50	»	»	Il était absent, il payera aussitôt son retour.
22	SARANS (Alfred).......	24 Octobre *id*...	»	»	18	30	Chez l'huissier. On poursuit.
16	MARCELLI (Nicolas)....	19 Juin 1841.....	»	»	20	»	On poursuit ; mais, comme il est gêné dans ses affaires, et que je ne le crois pas de bonne foi, il conviendrait peut-être mieux de résilier.
46	Le même...............	19 *id.* 1842......	»	»	20	»	
			139	»	58	30	

Art. 424 à 428.
— *id.*
— *id.*
— *id.*
— *id.*
— 427.

Modèle Nº 41.

DIRECTION
DE ROUEN.

LE DRAGON,

COMPAGNIE ANONYME D'ASSURANCES CONTRE L'INCENDIE.

ENVOI
des
PIÈCES COMPTABLES
du
Mois de Décembre 1842.

Nº 7. — *Lettre mensuelle.*

Rouen, 1er janvier 1843.

Monsieur le DIRECTEUR GÉNÉRAL,

J'ai l'honneur de vous adresser ci-joint les Bordereaux et États du mois de décembre 1842.

Articles :				fr.	c.
429 à 431.	Nº 1.	**Bordereau d'Inscription.**			
		Valeurs assurées.........................		793800	»
		Total des primes souscrites...............		21590	70
id.	Nº 2.	**Bordereau d'Annulation.**			
		Total des valeurs annulées................		438200	»
		—— des primes ——		11315	20
id.	Nº 3.	**Bordereau de Caisse.**			
		Montant des recettes........... 3535 | 80 } Solde............		120	65
		—— des dépenses......... 3415 | 15 }			
id.	Nº 4.	**État des Primes échues encaissées.**			
		Totalité des primes perçues................		239	30
id.	Nº 5.	**État des Reprises.**			
		Valeurs assurées par d'autres Compagnies...........		152000	»
		Total des primes à payer................		88	50
id.	Nº 6.	**État des Primes échues non encaissées.**			
		Total des primes en retard...............		197	30

Recevez, monsieur le Directeur général, l'expression de mes sentiments distingués.

Le Directeur d'Arrondissement,

BEAUBLE.

Modèle n° 42.

LE DRAGON,

COMPAGNIE ANONYME D'ASSURANCES CONTRE L'INCENDIE.

CARNET D'ÉCHÉANCES.

Numéros des polices échéant dans chacun des mois suivants :

JANVIER.	FÉVRIER.	MARS.	AVRIL.	MAI.	JUIN.	JUILLET.	AOUT.	SEPTEMB.	OCTOBRE.	NOVEMB.	DÉCEMB.
	54	55	56	60	61					51	57
	64	65		62						52	58
										53	59
											63

Voir les numéros d'inscription des polices au Modèle n° 32.

Dans le but de trouver avec facilité l'échéance des primes à terme (art. 311), MM. les Directeurs devront établir un cahier divisé en *douze* colonnes, conformément au modèle ci-dessus.

Ils auront soin de porter, dans la colonne correspondante au mois d'échéance de la prime, le *Numéro* de chaque police souscrite. Par cette méthode, ils auront toujours sous les yeux les *Numéros* de toutes les polices *échéant dans le même mois*, et la préparation des quittances, pour laquelle ils n'auront qu'à se reporter au Livre d'Inscription, n'exigera plus aucune recherche. Il en résultera plus de facilité et, partant, plus de célérité pour la rentrée des primes, et les intérêts de la Compagnie, comme ceux des assurés, se trouveront à la fois sauvegardés par la régularité de l'encaissement, qui mettra ceux-ci à l'abri du cas de déchéance prononcé par l'article 7 des conditions générales de la police.

Le modèle ci-dessus, qui aurait pu être plus développé, peut néanmoins suffire à la plupart des Directions d'arrondissement. Les Directeurs qui ne le trouveraient pas assez détaillé, pourront y ajouter toutes les indications qui leur paraîtront nécessaires.

TABLE
DES CHAPITRES ET DES MODÈLES.

Nota. Voir ci-après, page 174, la *Table alphabétique des matières.*

TABLE ALPHABÉTIQUE DES MATIÈRES.

Nota. Les chiffres indiquent les n^{os} des Articles.

BETTERAVE (FABRIQUES DE SUCRE DE), ne peuvent être assurées sans autorisation, 46.

BOIS (BATIMENTS COUVERTS EN): *Voyez* CHAUME.

BOIS et FORÊTS, TAILLIS et FUTAIES. La Compagnie les assure, 23. — Ne peuvent être assurés sans autorisation préalable, 46. — Renseignements à fournir en cas de propositions, 456.

BORDEREAUX et ÉTATS. Leur formation, 390, 391, 432. — d'inscription (n° 1), 392 à 397. — d'annulation (n° 2), 398 à 400. — de caisse (n° 3), 401 à 407. — des primes encaissées (n° 4), 408 à 417. — des reprises (n° 5), 418 à 423. — des primes échues non encaissées (n° 6), 424 à 428. — Leur envoi à la Direction générale, 435, 436, 439.

BOURGS, COMMUNES, VILLAGES et HAMEAUX (DIVISION DES RISQUES DANS LES), 57 à 60. — Répertoire par communes, 61, 445.

C

CACHEMIRES. Ne peuvent être assurés sans autorisation, 46. — Proportion dans laquelle ils peuvent être compris dans l'assurance d'un mobilier, 89, 95.

CAISSE (LIVRE DE). Est un de ceux que les Directeurs ont à tenir, 286. — Est coté et paraphé par un administrateur ou un inspecteur, 359. — Ce qu'on doit y inscrire, 360. — Emploi des diverses colonnes, 361 à 368. — Erreurs, mode de rectification, 384, 385. — Doit être arrêté chaque mois, 375, 380, 381. — Manière d'opérer en cas de nullité d'opérations mensuelles, 382. — Clôture annuelle, 389.

CARNET D'ÉCHÉANCES, 286. — Des primes à recouvrer par les agents, 442.

CAVES et FONDATIONS. *Voyez* FONDATIONS.

CHANGEMENTS AUX ASSURANCES. Pourquoi occasionnés, 176. — Comment ils s'opèrent, 177. — Rappel à faire aux assurés, 183.

CHARITÉ (ÉTABLISSEMENTS DE). On leur accorde une réduction de prime, 131.

CHATEAUX (ANCIENS). Règle applicable à leur assurance, 86.

CHAUME ou en BOIS (BATIMENTS COUVERTS EN). Précautions à prendre pour leur assurance, 58 à 60. — *Maximum* sur un seul risque, 454. — *Minimum*, 455.

CHIFFRES FRACTIONNAIRES. Les éviter dans les polices, 170.

CHIROGRAPHAIRES. *Voyez* CRÉANCES CHIROGRAPHAIRES.

COLONNES (EMPLOI DES). — Du Livre d'Inscription, 327 à 344. — Du Livre d'Annulation, 345 à 358. — Du Livre de Caisse, 361. — Des divers bordereaux, 395 à 427.

COMBUSTIBLES (PARTIES LES PLUS). On doit refuser de les assurer seules, 84.

COMMERCE (LIVRES DE). Cas où un sinistre a frappé les livres d'un commerçant, 259.

COMMISSIONS. Celles accordées aux Directeurs, sur primes, 370. — Sur plaques et sur polices, 369. — Sur reprises, 371. — Sur primes fractionnaires, 372. — Sur primes envoyées à l'encaissement, 373. — Sur primes touchées pour compte d'un collègue, 374.

COMMUNES. *Voyez* BOURGS.

COMPTABILITÉ, 286 à 432. — Registres nécessaires, leur usage, 286. — Les Directeurs doivent traiter de comptabilité par lettres *spéciales*, 440.

COMPTES (REGISTRES DE) à tenir par les directeurs avec leurs agents, 442.

CONSEIL D'ADMINISTRATION. Est composé de douze membres, 14.

CONVENTIONS VERBALES (LES ASSURANCES NE DOIVENT ÊTRE PRÉSENTÉES DANS LES POURSUITES QUE COMME DES), 233.

CORRESPONDANCE. Franchise de celle entre la Compagnie et les Directeurs, 447. — Entre ceux-ci et les Agents cantonaux, 447.

COTON. *Voyez* FILATURES.

COUVERTURES MIXTES (BATIMENTS A). Cas où on peut les assurer à moitié de la prime, 118. — *Voyez* BATIMENTS, CHAUME.

CRÉANCES CHIROGRAPHAIRES. Sont exceptées de l'assurance, 25.

CRÉANCES HYPOTHÉCAIRES. La Compagnie les assure, 23. — Peuvent être assurées, 24. — Somme que l'on peut assurer, 100. — Cas où l'assurance doit être refusée, 100.

CUIRS VERNIS (FABRIQUES DE). Ne peuvent être assurées sans autorisation, 46. — Primes auxquelles les bâtiments contigus sont assujettis, 111.

CURIOSITÉ (OBJETS DE). *Voyez* TABLEAUX.

D

DÉCHÉANCE (CAS DE) que peuvent encourir les assurés sinistrés, 261.

DÉCLARATION. Celle à faire en cas de reprise sur Compagnie à prime, 201. — De désistement pour reprise sur Compagnie mutuelle, 205. — A faire au juge de paix en cas d'incendie, 266. — A faire aux *Messageries* en cas d'envoi de fonds, 439.

DENTELLES. Ne peuvent être assurées sans autorisation, 46. — Proportion dans laquelle elles peuvent être comprises dans l'assurance d'un mobilier, 89, 95.

DÉPENSES. Celles ordinaires, 366. — Celles pour lesquelles il faut l'autorisation, *ibid.*

DÉSISTEMENT. *Voyez* DÉCLARATION.

DIAMANTS et PIERRES PRÉCIEUSES NON MONTÉS. Sont exceptés de l'assurance, 25.

DIRECTEUR ADJOINT. Est nommé par l'assemblée générale des actionnaires, 15.

DIRECTEUR GÉNÉRAL. Est nommé par l'assemblée générale des actionnaires, 15.

DIRECTEURS. Il y en a au moins un dans chaque arrondissement de sous-préfecture, 17. — Les Directeurs reçoivent des pouvoirs, 17. — Correspondent avec le Directeur général, 18. — Peuvent être suspendus et ensuite révoqués, 19. — Sont soumis à la juridiction des Inspecteurs, 21. — Leurs fonctions, 26, 27, 28. — Agents auxiliaires qu'ils nomment, 29, 31. — Ils ne peuvent leur remettre des polices signées en blanc, 30. — Moyens de propagande que les Directeurs doivent employer, 33 à 35; 37 à 40. — Parti qu'ils doivent tirer des sinistres, 36. — Ne peuvent signer les polices de leurs propres assurances, 49. — Ne peuvent faire des assurances supplémentaires ou cumulatives sur des assurances faites par un de leurs collègues, 50. — Assurances qu'ils peuvent faire hors de leur territoire, 62.

INCENDIE (CHANCES D'). La Compagnie assure contre ce danger, 15. — En quoi consiste la vérification de ces chances dans un bâtiment à assurer, 71. — *Voyez* SINISTRES.

INSCRIPTION (LIVRE D'). Est un des livres que les Directeurs ont à tenir, 286. — Mode d'inscription des polices dans ce livre, 287 à 299. — Des diverses primes, 306, 311. — Des plaques et des polices, 324 à 326. — Emploi des diverses colonnes, 327 à 344. — Doit être arrêté à la fin de chaque mois, 376, 377. — Cas où il n'y aurait pas eu d'assurances, 378. — Mode d'opérer en cas d'erreurs ou de rectifications, 383. — Clôture annuelle du registre, 386, 387.

INSERTIONS dans les journaux. *Voyez* DIRECTEURS, JOURNAUX.

INSPECTEURS. Leurs attributions, 22. — Les Directeurs sont soumis à leur juridiction, 21. — Circonstances dans lesquelles ils peuvent être appelés par les Directeurs, 256. — *Cotent* et *paraphent*, s'il y a lieu, dans leur tournée, le Livre de Caisse des Directeurs, 359. — Examinent chez les Directeurs le *répertoire par commune*, 445. — S'assurent de la bonne tenue du *Carnet* de recouvrement des Agents cantonaux, 442. — Cas où ils peuvent réclamer d'un Directeur le *matériel* et la remise du service, 445.

INSTRUCTIONS GÉNÉRALES. Annotations des modifications survenues à y faire par les Directeurs, 451.

INSTRUMENTS ARATOIRES. Mode d'appréciation, 98.

J

JOURNAL D'ASSURANCES. *Voyez* ANNULATIONS (LIVRE D') et INSCRIPTION (LIVRE D').

JOURNAUX. Les Directeurs ne peuvent y faire aucune insertion sans l'autorisation préalable de la Compagnie, 449.

JUGES DE PAIX. Connaissent des poursuites en recouvrement de primes, 230. — Leur jugement est définitif jusqu'à 100 fr., 231. — Reçoivent les déclarations de sinistre, 266.

L

LAINE. *Voyez* FILATURE.

LETTRES. Les Directeurs doivent copier les leurs sur un registre, et tenir en liasse celles qu'ils reçoivent, 444.

LIN. *Voyez* FILATURES.

LINGOTS et MONNAIES D'OR ET D'ARGENT, sont exceptés de l'assurance, 25.

LIVRES. *Voyez* ANNULATION (LIVRE D'), INSCRIPTION (LIVRE D'), CAISSE (LIVRE DE), REGISTRES.

LOCUTIONS PROHIBÉES. *Voyez* TERMES.

M

MACHINES A VAPEUR. La prime qui leur est applicable, 110.

MAISONS CONTIGUES AUX THÉATRES. *Voyez* THÉATRES.

MAISONS DE FERME. *Voyez* FERME (BATIMENTS DE).

MANDATS. Les Directeurs ne doivent en créditer leur compte que le jour du payement, 367.

MARCHANDISES. La Compagnie les assure, 23. — Se divisent, en cas d'assurances, en *hasardeuses* et *non hasardeuses*, 45. — Celles en *route* ne peuvent être assurées sans autorisation préalable, 46, 96. — Ce qu'on appelle marchandises *flottantes*, 46. — Ne peuvent être assurées sans autorisation préalable, 46. — Les assurances de marchandises nécessitent la vérification des bâtiments qui les renferment, 76. — Comment s'établit la somme à assurer, 93. — Ces assurances exigent beaucoup de circonspection, 94. — Comment s'établit l'assurance des marchandises *en route*, 96. — Primes de celles de risques différents, 116. — Règles pour les marchandises *hasardeuses*, 117. — Primes des marchandises *hasardeuses* à usage de profession, 127. — *Id.* pour celles formant provision de ménage, 128. — La prime de celles faciles à endommager ne s'applique qu'à elles seules, 130.

MATÉRIEL. Cas où tout ce qui compose celui d'un Directeur doit être remis au successeur ou à l'Inspecteur, 450. — Les Directeurs ne doivent jamais en rester dépourvus, 446. — Mode de demande à la Direction générale, *ibid.*

MAXIMUM. Limites des sommes assurables sans autorisation, 47, 55. — *Maximum* des sommes que la Compagnie peut autoriser sur demandes spéciales, 55. — Des assurances sur un seul risque de troisième classe, 454.

MÉDAILLES. *Voyez* TABLEAUX.

MÉNAGE (MOBILIER DE). *Voyez* MOBILIER.

MESSAGERIES ROYALES. C'est par cette voie qu'on transmet les bordereaux à la Direction générale, 435. — Les fonds, 437. — Déclaration à faire en cas d'envoi de fonds, 439.

MÉTIERS, OUTILS et USTENSILES. Sont assimilés au mobilier de ménage, 91. — *Voyez* MOBILIERS.

MEULES. *Voyez* RÉCOLTES.

MINIMUM du chiffre au-dessous duquel on ne peut assurer certains risques, 455.

MOBILIERS INDUSTRIELS. Ce que c'est, 23. — La Compagnie les assure, 23. — Attention que réclame l'assurance du mobilier industriel des fabriques et usines, 92.

MOBILIERS. Ceux de ménage. — Leur division en cas d'assurance, 45. — Leurs assurances exigent la vérification des bâtiments qui les renferment, 76. — Cas où un mobilier de ménage peut être assuré sur simple déclaration, 87. — Répartition de la somme à assurer, 88.

MODIFICATIONS. Celles dans les assurances ne doivent rien changer à l'inscription au Journal, 290. — Cas où elles obligent à une nouvelle police, 294. — Celles apportées aux Instructions générales doivent être notées par les Directeurs en marge des articles, 451.

MONNAIES. *Voyez* LINGOTS.

N

NAVIRES. *Voyez* BATEAUX A VAPEUR.

NON-VALEURS. Quelles en sont les causes, 225.

NOIR ANIMAL (FABRIQUES DE). Ne peuvent être assurées sans autorisation, 46.

O

OBJETS. Ceux que le Dragon assure, 23. — Ceux qu'il n'assure pas, 25. — Ceux qui exigent l'autorisation préalable, 46, 47, 48, 456.

OPÉRATIONS. Avis à donner par les Directeurs, si dans un mois elles sont *négatives*, 430, 431.

OPPOSITIONS. Conduite à tenir par les Directeurs quand ils en reçoivent, 281, 448. *Voyez* SAISIES-ARRÊT.

OR ET ARGENT. *Voyez* LINGOTS.

OUTILS. *Voyez* MÉTIERS.

P

PAPETERIES. Ne peuvent être assurées sans autorisation, 46.

PAPIERS. *Voyez* TITRES.

PARTIES LES PLUS COMBUSTIBLES D'UN IMMEUBLE; — on doit refuser de les assurer seules, 84.

PIÈCES COMPTABLES. Mode d'envoi mensuel, 435. 436. *Voyez* BORDEREAUX.

PIERRES PRÉCIEUSES. *Voyez* DIAMANTS.

PLAQUES. Indiquent l'Assurance ; leurs avantages, 210. — Intérêts des assurés à leur apposition, 210. — Ne sont pas toujours obligatoires, 211. — Ne doivent jamais être données *gratuitement* sans autorisation, 211. — Cas où leur apposition est indispensable, 212. — Leur prix, 213. — Doit être payé en même temps que la prime, 323. — Quand doit-on les remettre aux assurés, 214. — Doivent être mentionnées au Livre d'Inscription, 324, 325. — Allocations aux Directeurs, 369.

POLICES. Ce que c'est, 5. — Leurs effets et leur forme, 133, 134, 164. — Sont faites en *triple* expédition qui doivent être semblables, 135, 441. — Cas où l'assuré ne sait signer, 135. — Elles contiennent des conditions générales *fixes* et des conditions particulières, variables, 136. — Il ne peut y être dérogé sans autorisation, et on ne peut rien en biffer, 137. — Commentaire sur les articles des conditions générales, 138 à 154. — Ce que contiennent les conditions particulières, 155. — Ne peuvent contenir de blanc, 156. — Ni de rature ou de surcharges, 157. — Doivent porter les dates et les sommes en toutes lettres, 158. — Termes et locutions prohibés, 160, 161. — Quand doit-on les délivrer aux assurés, 162. — Ne peuvent être signées que par l'assuré lui-même, ou un fondé de pouvoirs, 162. — Les Directeurs ne peuvent signer celles qui leur sont personnelles, 49. — Ne doivent pas être remises incomplètes aux Agents, 163. — On doit y mentionner les locataires, 165. — Cas où un tracé linéaire doit y être annexé, 167. — Ce qui doit y être indiqué au sujet des fabriques ou usines, 168. — Formules particulières suivant les risques, 169. — Il faut toujours y mentionner les sommes par nombres ronds, 170. — Ce qu'on peut assurer par la même police, 171. — Quand il y a autorisation préalable, la mentionner, 172. — Communauté de risques, l'indiquer, 173. — Durée des polices, 124, 174. — Leur coût, 175. — Le prix des polices porté au Livre d'Inscription, 326. — Allocation sur ce coût aux Directeurs, 369. — Moyen de couvrir le défaut de timbre, 233. — Mode d'envoi *mensuel* d'un *triplicata* à la direction générale, 434, 435. — Les Directeurs doivent les tenir sous clef, rangées par date et par numéro, 444.

POUDRE A TIRER (MAGASINS ET FABRIQUES DE). Sont exceptés de l'assurance, 25. — Cas où l'on peut assurer les maisons qui renferment un débit de poudre, 120.

POUDRIÈRES. La Compagnie répond des suites des incendies provenant de leur explosion, 15.

POURSUITES POUR RECOUVREMENT DE PRIMES. *Voyez* DIRECTEURS, PRIMES.

PRIMES. Ce que c'est, 5. — Comment se détermine leur application, 104. — Les Directeurs ne peuvent apporter de changements au taux de celles *en rouge* sur le tarif, 105. — Ni modifier les autres sans autorisation, 105, 452. — Peine en cas d'infraction, 452. — Cas dans lesquels celle des bâtiments est des 3/4 de celle du mobilier, 106. — Cas où elle doit être celle du risque le plus fort, 107. — Primes de risques divers, 108. — Des dépendances des fabriques, etc., 109. — Des machines à vapeur, 110. — Des bâtiments contigus à des risques dangereux, 111, 112. — Des maisons de ferme, 113, 114. — Des maisons de vignerons, 115. — Primes pour marchandises de risques différents, 116. — Des marchandises *hasardeuses*, 117, 127, 128. — Des bâtiments mixtes, 118. — Des récoltes, 119. — Des débits de poudre, 120. — Des risques locatifs, 121 à 123. — Des recours de voisins, 122, 123. — Des assurances de moins d'une année, 124, 125. — Des salles de spectacle, 126. — Des écuries particulières, 129. — Des marchandises faciles à endommager, 130. — Des édifices publics, des établissements de charité, 131. — Cas d'application de primes par analogie, 132. — Prime de reprise sur une Compagnie à prime, 197. — Prime de reprise sur Compagnie mutuelle, 207. — Le payement de la prime donne seul l'*effet* à la police, 215. — Les primes ne peuvent se payer par *à-compte*, 215. — Primes de la 1re année, 215-306. — Des années suivantes, 216, 311. — Primes fractionnaires, 217, 307. — Cas d'escompte des primes, 218 à 220. — Celles escomptées, sont acquises à la Compagnie, 221. — Cas d'exception, 221. — Sont payables à la Direction locale, 222. — Le non-payement déchoit l'assuré de toute indemnité en cas de sinistre, 223. — Ce non-payement ne le dégage pas, *ibid*. — Le recouvrement est recommandé aux soins des Directeurs, 224. — Non-valeurs; leur cause, 225. — Cas de résiliation, 226, 227. — Mode de poursuite contre les débiteurs en retard, 228. — Délais de rigueur, 229. — Par-devant qui doit-on poursuivre, 230, 231. — Les Directeurs peuvent se faire représenter pour les poursuites, 232. — Moyen de couvrir le défaut de timbre des polices en cas de poursuites des primes, 233. — Les quittances de payement de primes en retard doivent être datées du jour du payement, 234. — Primes d'une autre Direction, 230. — Formalités en cas de payement des primes après mutation de propriété, 235. — Cas de *ristorne*, 237, 238. — Mode d'inscription des primes au *Journal d'Assurances*, 306 à 312, et 338 à 341. — Envoi *mensuel* de l'état de celles échues encaissées, 408, 435. — Envoi *trimestriel* de l'état de celles *échues* et non encaissées, 428. *Voyez* CARNET.

PROPOSITIONS D'ASSURANCES. *Voyez* AGENTS, ASSURANCES, DIRECTEURS.

Q

QUESTIONS STATISTIQUES. — Adressées en *double* aux Directeurs, 445. — Un des *doubles* est renvoyé à la Direction générale avec les réponses, 445.

QUITTANCES. Forme de celles pour payement d'indemnité de sinistre, 276, 279. — Comment il faut agir si l'assuré est illettré, 280. — *Voyez* SINISTRE.

R

RAFFINERIES DE SUCRE. Ne peuvent être assu-

ERRATA.

Article 24, 1er §, *il faut ajouter :* V. art. 100 et modèle n° 16.

Id. id., 2e, 3e et 4e §, *ajouter :* V. art. 101, 121 et 141.

Id. id., 5e §, *ajouter :* V. art. 102, 122 et 141, § 2.

Id. 33, *ajouter :* V. art. 449.

Id. 46, n° 18, marchandises en route, *ajouter :* V. art. 96.

Id. id., n° 22, bois et forêts, *ajouter :* V. art. 456.

Id. 47, avant-dernier §, *ajouter :* V. art. 454 et 455.

Id. 60, *ajouter :* V. art. 445.

Id. 61, *ajouter :* V. art. 445.

Id. 105, § 2, *ajouter :* V. art. 452.

Id. 135, *ajouter :* V. art 441.

Page 114, lignes 34 et 35, *au lieu de :* premier juillet, *il faut mettre :* vingt-six décembre.

Page 136, formule n° 10, 1re ligne, *au lieu de :* l'art. 10, *il faut mettre :* l'art. 11.

Paris. — Imprimerie Panckoucke, rue des Poitevins, 14.